# Humor aus Ostpreußen

# Humor aus Ostpreußen

Zusammengestellt
aus der
„Georgine“

**RAUTENBERG**
im Verlagshaus Würzburg

Umwelthinweis:
Dieses Buch und der Umschlag wurden auf chlorfrei gebleichtem Papier gedruckt.
Die Einschrumpffolie – zum Schutz vor Verschmutzung – ist aus umweltverträglichem und recyclingfähigem PE-Material.


Printed in Germany
Druck und Verarbeitung: Offizin Andersen Nexö, Leipzig
Illustrationen auf dem Umschlag nach einer Zeichnung von Erich Behrendt

Rautenberg im Verlagshaus Würzburg
Dieses ist eine unveränderte Neuausgabe des gleichnamigen 1961 im Gräfe und Unzer erschienenen Titels.

ISBN 3-8003-3073-3

## Zweimal Moltke

Er war dabei, als man über die Frage sprach, ob wirklich eine Linie der Abstammung vom Affen zum Menschen gehe. Moltke schwieg. Man prüfte dann, welche wesentlichen Merkmale denn eigentlich den Menschen vom Tier unterscheiden. Moltke schwieg — und rauchte. Schließlich fragte man den schweigsamen Raucher, worin er den entscheidenden Unterschied zwischen Mensch und Tier sehe. Er blies gewaltig Dampf ab, und dann: „Tiere rauchen nicht!"

✿

Ein paar Jahre nach der Reichsgründung saßen Moltke und Roon beisammen. Roon sprach von dem gemeinsamen großen Erlebnis und der Erfüllung ihrer Lebensaufgabe. Es sei eigentlich nicht mehr möglich, noch etwas Größeres mitzuerleben. „Doch", sagte Moltke, „einen Baum wachsen sehen!"

✿

Warum Moltke in dieses Buch gehört? Er war so gut wie Ostpreuße. Er war der Reichstagsabgeordnete des Wahlkreises Memel.

✿

Schon in dem „Getreuen Antoguanier" Berckenmeyers, einem der ältesten Baedeker, werden die Gumbinner auf den Arm genommen, weil ihr Städtchen an einem schmalen Flüßchen liegt, das den Namen Pissa führt. Als 1846 manche Anzeichen darauf hindeuteten, daß manches sich ändern werde, hielten auch die Gumbinner die Zeit für reif, ihr heimatliches Wasser mehr respektierlich zu benamsen.

Sie wandten sich an Friedrich Wilhelm IV. Er genehmigte, streute aber Salz in ihre Wunden; denn er setzte hinzu: „Ich schlage vor ‚Urinoko'!"

⁂

Ostpreußen galt zu Unrecht als das Land der Untertanengesinnung, des devoten Katzbuckelns. Um die Jahrhundertwende waren in Trakehnen der Oberlandstallmeister und sein Wirtschaftsleiter keine rechten Passer. Der schon bejahrte Wirtschaftsleiter war mehr ruhigen Gemütes, der Oberlandstallmeister dagegen temperamentvoll und lebendig. Es paßte dem Wirtschaftsleiter ganz und gar nicht, daß sein Oberlandstallmeister ihn des öfteren morgens am Fenster weckte, wenn er noch in den Federn lag. Nun sollte einmal im landwirtschaftlichen Zentralverein neben der Kommission für Pferdezucht auch eine solche für Geflügelzucht neu geschaffen werden. Der Wirtschaftsleiter, ein allgemein bekannter Ökonomierat, meldete sich zum Wort und schlug zur allgemeinen Verblüffung vor, den Oberlandstallmeister zum Vorsitzenden der Kommission für Geflügelzucht zu machen. Er habe so außerordentliche Erfolge als Züchter erzielt, daß er es sicher möglich machen werde, solche Hähne zu züchten, die erst krähen, wenn es für einen anständigen Menschen Zeit sei, aufzustehen.

⁂

Auf der Fahrt von Trakehnen nach Königsberg kam der Landstallmeister von Orttingen mit einem russischen Herrn zusammen, der, wie sich bald herausstellte, ein Gestüt des Zaren bei Petersburg leitete. Und nicht nur das; er sollte in Ostpreußen Hengste erwerben. Dafür hatte er drei Wochen Urlaub und klapperte mit den Talern für die Hengste sozusagen in der Tasche. Natürlich brauche er keine drei Wochen für dieses Geschäft; er fahre daher zunächst nach Paris, das er noch nicht kenne, und werde auf der Rückreise in Ostpreußen vorsprechen. — Genau drei Wochen später fuhr der Landstallmeister von Königsberg nach Trakehnen und traf in der Bahn seinen Russen, leicht demoliert, ohne Geld und ohne Hengste auf der Rückreise von Paris nach Petersburg. Wenn schon keine Hengste, so wolle er aber doch wenigstens einen guten Rat aus Ostpreußen mitbringen. Auch er schicke, genau wie Trakehnen, im Frühjahr seine Hengste auf die Stationen; aber Trakehnen erhalte sie nach dem Sommer zurück, er nicht. Zwar bekomme er für einen Rappen einen Rappen zurück, für einen Fuchs einen Fuchs, aber nicht denselben. Wie fange der Landstallmeister es eigentlich an, immer die gleichen Pferde, die fortgegeben wurden, auch wieder zurückzuerhalten?

✻

Die fleischgewordene Sparsamkeit war der Generalleutnant a. D. von W.-Thymau. Seine Anzüge verzichteten auf jede Repräsentation. — Vor dem Weltkrieg lag sein Besitz Thymau einmal im Bereich der Divisionsmanöver. v. W. ging in seinem mehr als sparsamen, aber jahrzehntelang als treu erwiesenen Wirtschaftsanzug an einem Schlag entlang, alt und unansehnlich; nur an seinen Gesichtszügen konnte man ablesen, wer er war. Ein Leutnant tat das nicht, der eben einen Rundgang zu Fuß zu bezwingen sich anschickte, weil ihm sein Pferd den Dienst verweigerte. Er sah in dem Alten einen Pferdehalter, den ihm der Zufall zur rechten Zeit schickte. „Alterchen, heda, können Sie mit Pferden umgehen?" — „Jawoll, Herr Leutnant! Ich bin immer bei Pferden gewesen." — „Gedient?" —„Jawoll, Herr Leutnant!" — „Bei der Kavallerie womöglich?" — „Jawoll, Herr Leutnant!" — „Na, denn werden Sie das Pferd ja halten können." — „Jawoll, Herr Leutnant!" — Dieser stieg seinen Hang hinauf, nach einiger Zeit wieder herunter. Da stand der Alte und schnallte an der Kandare herum. „Was ist denn los?" — „Herr Leutnant, sie saß nicht richtig." „Soso, verstehen Sie denn was davon?" — „Jawoll, Herr Leutnant!" — „Wie weit haben Sie's denn bei den Preußen gebracht? Hatten Sie die Knöpfe?" — „Mehr, Herr Leutnant." — „Was, waren Sie etwa Unteroffizier oder Feldwebel?" — „Noch mehr, Herr Leutnant!" — „Na hören Sie mal, den Etatsmäßigen sieht man Ihnen aber wirklich nicht an!" — „War ich auch nicht, Herr Leutnant, ich war bloß General der Kavallerie. Und Sie dürfen heute abend zu mir nach Thymau kommen, Ihren General treffen Sie da auch."

✤

Der letzte Kaiser besuchte in jedem Frühjahr Prockewitz, um Rehböcke zu strecken. Jeden Morgen pflegte er in dem großen Park sich zu ergehen. Einmal kam ihm jemand mit einer Karre entgegen, darauf ein Eimer, mit einem Sack verdeckt. „Morgen! Was habt Ihr denn da Schönes?" — „Aale, Herr!" — Der Kaiser hebt den Sack auf. „Das sind aber schöne, starke Aale! Für wen sind sie denn?" — „De send vört Schloß, Herr, doa ös de Keiser to Besoch, doa wat jetzt so väl jefräte!"

Ein Bauer führt einen Bullen vor, mit dem er durchaus keine Gnade bei der Körungskommission findet. Schließlich wird ihm ernstlich bedeutet, es sei hier nichts zu machen, der Bulle müsse abgekört werden. — „Meine Herren, der Bulle ist nicht schlecht, da fehlt bloß eine andere Kommission."

❈

Von dem Bullen ‚Nero' kamen immer noch gute Nachzuchten, trotzdem er reichlich alt geworden war. Als der Landwirt nach einer langen Reise nach Hause kam und im Stall nachfragte, meldete ihm der Viehfütterer: „Na, mit den Kälbern ist alles in Ordnung, mit der Milch ist es auch gut, man bloß dem alten ‚Nero' werden wir doch noch abschaffen müssen, die letzten drei Kälber sind alle rotbunt, der Kret wird all farbenblind!"

❈

Der Kämmerer, der gerade vom Hof kommt, wird von einer reichlich korpulenten Dame gefragt, indem sie auf das Tor deutet: „Komme ich durch dieses Tor da in den Park?" Er sieht sich die Dame von rechts nach links an: „Na, versuchen Se man, Madamche, ich glaub, es wird gehn. Unser Heuwagen is jestern auch durchjekommen.!"

❈

Aus einem ostpreußischen Dorf liegt ein vierjähriges Mädchen in einer Königsberger Klinik. Seine Eltern haben der Kleinen beigebracht, was sie sagen soll, wenn man sie nach ihrem Namen fragt. Sie antwortet auch prompt: „Lieschen Kaluddrigkeit aus Schillpehnen, vier Jahre alt, nicht verheiratet und nicht geschieden." Ärzte und Schwestern lachen über ihre drollige Ernsthaftigkeit und fragen immer wieder das Kind, um die erheiternde Antwort zu hören. Eines Tages aber, als der Chefarzt sie wieder befragt, erhält er die energische Antwort: „Oll Oop, wat frägst? Vergeßt doch all wieder!"

✻

Durch die Memeler Altstadt fährt ein Fuhrwerk mit Langholz und bleibt natürlich stecken, als es versucht, in eine enge Seitenstraße einzubiegen. Ein großer Menschenauflauf, Polizei, Verkehrsstörung. Die Polizei verlangt, daß von den Stämmen die Enden abgesägt werden. „Nee, Herr Wachtmeister, dat jeiht nich, dat Holz is für e Berliner Mundharmonika-Fabrik, da muß dat Maß stimmen!"

✻

Ein Fräulein aus der Stadt wartet neben der Blechbude der Kleinbahnstation auf den Zug, der etwas Verspätung hat. Aus Langeweile hüpft sie mit kleinen Tanzschritten auf dem Bahnsteig auf und ab. Eine Bäuerin kriegt es mit dem Mitleid: „Fräuleinchen, kommen Se man mit, ich zeig Ihnen, wo's ist!"

✻

Es war eine herzhafte Prügelei gewesen. Darum war der Hauptbeschädigte den Weg zum Gericht gegangen. Der Richter wollte einen Vergleich zustande bringen. „Sehen Sie, es tut dem andern so sehr leid, daß er Sie so geschlagen hat, und ich soll Sie fragen, ob Sie ihm denn nicht verzeihen wollen." Antwort: „Wenn ich sterb', dann will ich ihm verzeihen, aber wenn ich gesund werd', dann kann er sich gratulieren."

Zwei Alte gingen in Königsberg über den Paradeplatz. Ein nettes junges Mädel kam ihnen in den Weg, lächelte, als einer sie vergnügt anlachte, der 89jährige. Nach einer Weile stoßseufzte er: „Einmal möchte ich noch 70 Jahre alt sein."

✲

Tilsit. 1807. Napoleon und Friedrich Wilhelm gehen an einem Posten der preußischen Grenadiere vorbei, der zahlreiche Narben im Gesicht zeigt. „Meinen Soldaten sieht man es an, daß sie tapfer sind." Napoleon parierte: „Und die, die diese Wunden schlugen?" Darauf der Grenadier: „Die sind tot, Sire!"

✲

Der alte Wrangel liebte es besonders, mit jungen Damen zu flirten. Auf eine Bemerkung über ihre kleinen, sehr weichen und zarten Hände erwiderte die eine, sie trage eigentlich Tag und Nacht Wildlederhandschuhe. „Das kann aber doch nicht der Grund sein, mein gnädiges Fräulein. Seit fast 50 Jahren trage ich eine wildlederne Reithose, mit dem gegenteiligen Erfolg."

✲

Der Knecht war mit einem Rad in ein Loch im Wege gefahren und stak fest. Der alte Graf kam auf seinem Ritt durch die Wirtschaft hinzu. Er stieg ab, faßte in das Rad: „Nu fahr to!" Der Wagen rührte sich nicht. „Du kannst ja nich fohre, hev Du man an, eck war dricke." Er trieb mit gewaltigem Hü und mit der Peitsche an, der Knecht griff in das Rad, was die Knochen hergaben. Der Wagen wurde flott. „Sißt,

Du oll Dussel kannst man nich fohre." „Joa, joa, aberst der Herr Graf hed ok man e Schiet jehove."

❉

Aus einer der alten ostpreußischen Familien war einer nach Königsberg gefahren, zum Liebesmahl. Als er aus dem Kasino kommt, sucht er ein Auto, um zum Berliner Hof zu fahren. „Sind Sie frei?" — „Jawoll, Herr Graf!" — „Nanu, kennen Sie mich denn?" —„Jawoll, Herr Graf!" — „Womöglich wissen Sie denn auch, wo ich wohne." — „Jawoll, Herr Graf." —„Also denn in Gottes Namen los." — Über ein Kleines weckt der Chauffeur den eingeschlafenen Fahrgast. „Wir sind all in Rastenburg, Herr Graf, aber wo geht's nu nach Steinort?"

❉

In der Stadt war ein großes Fest. Der Bauer hatte weit über den Durst getrunken. Es war spät in der Nacht, als der Kutscher den Schlitten durch tiefen Schnee nach Hause brachte. Vor der Haustür angelangt, war der Schreck aber groß, als der Herr nicht im Schlitten saß, also wohl verlorengegangen war. Der Kutscher machte sofort kehrt und suchte den ganzen Weg ab, fand aber nichts. Er nahm deshalb an, sein Herr habe den Weg in die Stadt zurückgefunden und habe sich selber irgendwo untergebracht. Darauf schob er den Schlitten in die Remise. Am nächsten Morgen hörte er aus dem Schlitten tiefes Schnarchen und entdeckte seinen Bauern, der nachts unter die Schlittendecke gerutscht war und ganz friedlich seinen Rausch ausschlief. Nach längerem Überlegen spannte der Kutscher vorsichtig und leise die Pferde wieder an, fuhr mit dem Schlitten an der

Haustür vor, weckte seinen Herrn und meldete: „Herrke, wie sind to Hus!"

⁂

In den ersten Jahrzehnten nach dem deutsch-französischen Kriege wurde am zweiten September im Kreise Angerburg in jedem Jahre die Schlacht bei Sedan gewissermaßen als Volksschauspiel aufgeführt. Aus ein paar Dörfern kamen die Veteranen in ihren alten Uniformen zusammen; aus zweirädrigen Wagen und Baumstämmen wurden Kanonen hergestellt. Kanonenschläge und bengalisches Feuer unterstützten die Einbildungskraft. König Wilhelm war ein Kaufmann, der genau so einen Bart trug, wie der alte König. Bismarck, Moltke und Roon waren begehrte Rollen. Alle diese Darsteller nannten sich nur noch und wurden nur noch genannt mit ihren Rollennamen. Moltke spielte abends im Krug mit König Wilhelm Doppelkopf, was beide wahrscheinlich in Wahrheit nie getan haben. Aber insoweit hatten alle ihre Freude daran. Nur der Napoleon war schwer zu finden. Wer wollte schon gerne Napoleon sein? Und überdies kriegte der am Ende der Aktion, im Interesse der geschichtlichen Wahrheit, eine gewaltige Tracht Prügel.

Ein Tischler hatte sich um des Lohnes willen zu der Rolle entschlossen. Er verlangte zwar von Jahr zu Jahr mehr, erhielt aber auch von Jahr zu Jahr reichlicher Prügel. Wenn der König Wilhelm von seinem Gaul aus zusammen mit seinem Gefolge lange genug das Schlachtgetümmel beobachtet hatte, erschien ein Unterhändler mit der weißen Fahne; man zog in das umkämpfte Dorf ein und sang gemeinsam den Choral von Leuthen. Danach kam dann die Begegnung zwischen Napoleon und Bismarck, in deren Verlauf der Kaiser von den drei Paladinen jämmerlich verdroschen wurde. Diesmal nahm er es übel und ging zum Amtsgericht. Hier verhandelten Bismarck, Moltke und Roon bald unter der Ägide des Amtsrichters über einen friedlichen Vergleich. Napoleon aber entschied: „Mit Roon un Moltke will eck mi woll verdräge, aberst nich mit dem Krät, dem Bismarck, dat Oas häfft mi to doll jejeewe!"

⁂

Wilderer gab es auch in Ostpreußen. Der Amtsrichter konnte nichts mit den drei sturen Burschen anfangen, die da vor ihm standen. Sie wußten von nichts. Die drei Drillinge da auf dem Tisch des Gerichtes gehörten ihnen nicht. Nein! Der Richter schien schließlich des Fragens und Leugnens müde: „Wir kommen nicht weiter und verschwenden die Zeit. Nachweisen können wir Euch doch nichts. Aber das sage ich Euch, wenn Ihr noch einmal wegen Wilderns hierher kommt und Euch das Geringste nachzuweisen ist, dann gnade Euch Gott! Nehmt Eure Gewehre und macht, daß Ihr wegkommt!" Wie erlöst griff das Kleeblatt nach den Gewehren, jeder nach dem seinen — und der Richter begann sofort mit der weiteren Verhandlung.

⁂

Klimkeit will in seinem Revier den Weihnachtshasen schießen und nimmt einen Waidgenossen mit, weil man zu zweien ein bißchen schabbern kann. Fast vergessen sie zu laden, als sie an den ersten schönen Sturz kommen. Gleich geht auch der erste Krumme hoch. Klimkeit nimmt die Flinte hoch, zielt, setzt wieder ab. „Mensch, Klimkeit, warum schießt denn nich?“ — „Hätt’st Du man lieber eher gesagt: „Klimkeit, spann den Hoahn.“

⁂

Um das Jahr 1900 herum lag der Post- und Personenverkehr zwischen Rößel und Korschen in den Händen eines alten Posthalters. Er hatte in den zwanzig Jahren seiner Tätigkeit manches erlebt und erzählte gern davon. Gegen Ende der neunziger Jahre gab es einen sehr strengen Winter. Eines Morgens kam bei Schneetreiben und knallendem Frost ein Professor aus Königsberg allein mit der Frühpost in Korschen an, nachdem er die Nacht schon durchgefahren war. Er stieg kurz um und fuhr trotz des Schneetreibens unverdrossen weiter. Es wurde ihm aber bald klar, daß trotz des Pferdewechsels die kaiserliche Post vor den Schneeverwehungen würde kapitulieren müssen. Der Postillion unterbrach die Fahrt also bei dem Besitz des alten Posthalters und erbat weiteren Vorspann. Der einsame Professor, der inzwischen übermüdet eingeschlafen war, wachte auf und rief nach dem „Schwager“, wollte wissen, was los ist, ob der Schlitten feststeckte? Er bekam aber keine Antwort. Da stieg der Professor aus und sah mit seinen kurzsichtigen Augen im Scheine der schwachen Schlittenlampen einen kaiserlichen Postuniformmantel neben den Pferden im Schnee liegen. Erschrocken glaubte er, der „Schwager“ antworte nicht, weil er erfroren sei. Er machte sich auf, quälte sich durch den Schnee zurück nach Korschen und meldete dort auf dem Postamt, der Postillion sei ihm unterwegs erfroren. Inzwischen war der Schlitten mit neuem Vorspann nach Rößel weitergefahren.

Der Postillion wunderte sich, als sein Passagier nicht ausstieg, fand den Schlitten leer und meldete seinerseits in Rößel auf dem Postamt, der Passagier sei ihm im Schnee verlorengegangen.

⁂

In den Krug im Kirchdorf kamen zwei junge Damen und verlangten eine Postkarte. Der Kaufmann hatte nicht die einfachen Karten der Reichspost, sondern bot statt dessen schöne Ansichtskarten an, von denen eine Auswahl zur Verfügung stand. Die beiden jungen Damen suchten lange. Eine war für eine schöne Blumenkarte, die andere für einen schönen Mädchenkopf. Sie konnten sich aber nicht einigen. Schließlich wollte der Kaufmann hilfreich eingreifen und fragte, an wen denn die Karten gehen sollen. „Ans Arbeitsamt!"

⁂

Im Ersten Weltkriege ging bei der Gemeinde von der oberen Verwaltung ein Fragebogen ein. In ihm sollte über einen Kriegsbeschädigten berichtet werden, der in die Heimat entlassen war. Der Fragebogen schien einfach: Art der Verwundung: Rechtes Auge verloren, Glasauge als Ersatz. Hinter der zweiten Frage wurde ein Strich gemacht, denn sie lautete: Ist eine Besserung eingetreten? — Nach einigen Wochen kam der Fragebogen zurück mit der zusätzlichen Aufforderung, auch auf die zweite Frage eine klare Antwort zu geben. Sie lautete: „Kann durch das Glasauge noch immer nicht sehen." — Diesmal kam der Fragebogen nicht wieder zurück.

„Wat hest dem Ohle gekofft?" — „Schniefke" — „Nee Schniefke schnuwe schnöfft miener nich. Oawer Prehmke prehme prehmt he!"

⁂

Auch in Ostpreußen waren die Bauern höchst mißtrauisch gegen jede Statistik und Erhebung, in der man sich festlegen sollte. Als es üblich wurde, auch in bäuerlichen Betrieben eine Buchführung einzurichten, mußte ein Steuerberater für die Inventuraufnahme einen Fragebogen entwerfen, um die Unterlagen für die Buchführung zu schaffen. In diesem Fragebogen wurde alles festgelegt, von den Gebäuden und den Maschinen bis zu den Vorräten usw. In der Regel mußte die Bäuerin helfen, um festzustellen, ob die Stücke, nach denen gefragt wurde, da waren und in welcher Zahl. Dem Steuerberater erschien die Anzahl der Gebäude, die in dem Fragebogen aufmarschierten, sehr gering. Er sah aus dem Fenster und erblickte auf der anderen Hofseite einen Schuppen, der noch gar nicht aufgeschrieben war. „Dieser Schuppen gehört doch auch zu Ihrem Hof?" Langsam und zögernd gab der Bauer zu. „Joa!?" Gleich stieß dem Bauer die Bäuerin die Ellbogen in die Rippen, dem Bauern, der neben dem Fenster und leider nicht vor dem Fenster saß. „Hadst di nich bäter värhuke kunnd, dem Schoppke hadd wi ons gerett."

⁂

Ein Gut stand wegen der Osthilfe unter Staatsaufsicht. In jedem Jahr mußten die Bücher an die Oberrechnungskammer gehen. Jedesmal kamen sie mit einer Fülle von Beanstandungen zurück. Einmal hatte die Rechnungskammer festgestellt, daß im

Wirtschaftsjahr sehr viel weniger Kälber zur Welt gekommen waren, trotzdem der Viehbestand annähernd gleichgeblieben war. Die Kammer fragte, ob der Grund vielleicht in einer unzureichenden Leistungsfähigkeit des Bullen zu suchen sei. Der Inspektor wurde aufgefordert, sich zu diesen Beanstandungen zu äußern. Er hatte sowieso die Absicht, diesen Betrieb am nächsten Ersten zu verlassen. Darum entschloß er sich, wütend und vergnügt gleichzeitig, zu folgender Antwort:

„Die hohe Verfügung der Oberrechnungskammer vom 18. Mai habe ich dem Bullen vor die Schnauze gehalten; derselbe hat ganz erheblich mit dem Kopf geschüttelt."

✻

Im Forsthaus Dingken war ein neuer Zaun gebaut worden. Als er fertig war, wurde die sehr viel schwierigere Abrechnung über die Pfähle, den Draht, die Nägel und die Löhne aufgestellt. Sie kam auf dem üblichen Wege zur Oberrechnungskammer, wurde da sehr genau durchgerechnet, insbesondere auf den Materialverbrauch hin. Tatsächlich fand man heraus, daß eigentlich noch zwei Pakete Nägel übrig sein müßten. Das übliche Schreiben über die Regierung zur Feststellung und zum Bericht, was mit den beiden Paketen Nägel geschehen sei. Der Forstmeister berichtete unter dem Erlaß der Regierung: „Sie sind vernagelt!"

✻

Auch die Ansiedlungsgüter standen unter staatlicher Aufsicht. Der Inspektor mußte auch hier über die täglichen Arbeiten Buch führen, u. a. auch angeben, welche Arbeit jedes Gespann täglich leistete. Auch hier war die Oberrechnungskammer sehr genau und es gab eine stattliche Reihe von Beanstandungen und Rückfragen. U. a. war in dem Wirtschaftsbuch vermerkt: „Am 10. 4. den Kleereiber mit einem Viergespann zur Bahn gebracht." Die Oberrechnungskammer fragte dazu: „Es ist anzugeben, warum der Kleereiber den kurzen Weg zur Bahn nicht zu Fuß zurückgelegt hat und, wenn er geschickt werden mußte, warum dann nicht ein Einspänner genügte!"

✻

Ein Königsberger Kaufmann fuhr nach Bilderweitschen zu Besuch und telegrafierte rechtzeitig, um einen Wagen an den Bahnhof zu bestellen. Er kam an. Der Bahnhof war leer. Von einem Wagen nichts zu sehen. Wohl oder übel machte er sich zu Fuß auf den Weg. Dabei kam er an der Post vorbei. Ein über den Fremdenverkehr erstaunter grauhaariger Postbeamter ruft ihm an der Post zu: „Herrche, wo gehen Sie hin?" „Zu Landwirt S.!" „Dann nehmen Se doch bitte das Depeschche mit!" Bei Schulze war zunächst große Aufregung über das seltsame Ereignis eines Telegramms. Die Aufregung löste sich aber, als das Telegramm den Wortlaut ergab: „Bitte mich vom Bahnhof abzuholen."

✻

Als einmal der Eisenbahnfiskus einen Streifen Land angekauft hatte, war beim Fiskus einer dabei, der gern auf die Jagd ging. Er wußte, daß eine Jagd gepachtet werden muß und infolgedessen am Grundstück ein Anteil an der Jagdpacht hängt. So erhielt der Jagdpächter vom Eisenbahnfiskus ein Schreiben, in dem er aufgefordert wurde, für das von der Eisenbahn erworbene Stück Land die gleiche Jagdpacht zu entrichten, die er bisher an die Gemeinde entrichtet habe. Der Jagdpächter war mit großer Freude dazu bereit. „Ich will gern die Jagdpacht ebenso entrichten wie bisher an die Gemeinde. Ich habe der Gemeinde als Entschädigung für die Jagdnutzung einen Bullen und einen Eber zum Decken zur Verfügung gestellt."

In einer chemischen Fabrik ist etwas passiert und dabei ein Schwefelwasserstoffgasbehälter zerbrochen. Schwefelwasserstoffgas ist zwar nicht giftig, aber es stinkt — wie bekannt — ganz mörderlich. Infolgedessen hatten einige Leute, die in der unmittelbaren Nähe der Fabrik wohnten, sich heftig beschwert. Es kam zu einer Gerichtsverhandlung. Der Landgerichtsrat wohnte zwar an der Fabrik, er war aber an dem schicksalsvollen Tage nicht zu Hause gewesen und konnte aus eigener Kenntnis den Tatbestand nicht beurteilen. Wohl aber war seine Frau aus eigener Kenntnis in der Lage, die Verhältnisse zu schildern. Als alle Zeugen ihre Aussagen zu Protokoll gegeben hatten, wollte der Landgerichtsrat nun selbst den Tatbestand noch ergänzen, indem er die zuverlässige Schilderung seiner Frau heranzog. Sie hatte nichts wahrgenommen, weil sie an einem schweren Stockschnupfen litt. Der Landgerichtsrat hatte leider nicht diesen einfachen Tatbestand ausgesagt, sondern wandt sich durch ein übliches Aktendeutsch folgendermaßen heraus: „Ich stelle fest, daß meine Frau selbst nichts weiter gerochen hat. Aber das will nichts besagen, denn meine Frau riecht nicht gut . . ." Das Lachen dröhnte durch den Gerichtssaal.

Der Landgerichtsrat selber mußte mitlachen, weil er sich nicht helfen konnte. Er wollte es besser machen und wurde wieder ernst: „Also, ich meinte, meine Frau kann nicht gut riechen." Das Lachen dröhnte noch mehr als beim erstenmal. Der Landgerichtsrat lachte wieder fröhlich mit, dachte sich aber: mit dem Riechen, das sei doch eine schlechte Sache und er wolle nun endlich zu einer klärenden Aussage kommen. „Das waren zwei Mißverständnisse, ich bitte sie zu entschuldigen. Ich wollte natürlich sagen, meine Frau hat keinen guten Geruch ..."

Diesmal wurde der Lachsturm zu einem Orkan und der Landgerichtsrat verzichtete darauf, die Aussage seiner Frau für die Feststellung des Tatbestandes zu verwenden.

⁂

Der gleiche Landgerichtsrat war sonst durchaus geistesgegenwärtig und schlagfertig. Er kannte die Luft in dem überfüllten kleinen Raum, in dem er seine Verhandlungen zu führen hatte und erschrak, als einmal bei einem besonders interessanten Prozeß an einem heißen Tag im Sommer der Gerichtssaal so überfüllt war, daß viele nicht mehr Platz hatten finden können. Er trat ein, sah die Bescherung, wußte, was seiner Nase blühen würde und rief mit empörtem Gesicht in den Saal: „Was ist hier los? Wissen Sie denn nicht, daß hier öffentliche Sitzung ist?" Worauf der größte Teil des Publikums eiligst den Saal räumte. In der Verhandlung, die folgte, mußte bei der Vernehmung einer Zeugin die Öffentlichkeit ausgeschlossen werden wegen Gefährdung der Sittlichkeit. Als die Vernehmung beendet war, fragte der

Gerichtsdiener: „Herr Amtsgerichtsrat, soll ich die Sittlichkeit wieder herstellen?“

⁂

Daran schloß sich die Verhandlung einer Privatklage des Tierarztes, der von einem Bauern gründlich beleidigt worden war. Richter: „Wie konnten Sie nur über den Herrn Tierarzt solche herabsetzenden Gerüchte verbreiten? Haben Sie denn gar nicht daran gedacht, daß ihm das in seiner Stellung schaden kann?“ — Beklagter: „Bei seinen Patienten schadet es ihm bestimmt nichts!“

⁂

Am Ende des Terminzettels stand als letzte Streitsache die dreizehnte an. Der Landgerichtsrat nimmt die Akten vor, blättert sie auf und fragt, wie gewöhnlich, den ersten Zeugen: „Sind Sie mit dem Kläger oder Beklagten verwandt oder verschwägert?“ Der Zeuge und alle anderen lachten schallend auf, so daß unser Gerichtsrat auch mitmachte, weil ihm klar wurde, daß der Kläger der Forstfiskus und der Beklagte die Reichsbahn war.

⁂

In Krawallischken gab es fast an jedem Donnerstag einen Gerichtstermin, weil es am Sonntag vorher regelmäßig eine Prügelei gegeben hatte. Dem Amtsgerichtsrat riß einmal der Geduldsfaden: „Da hört doch alles auf! Müßt Ihr Euch denn jeden Sonntag keilen?“ Einer mit verbundenen Augen und eingewickelter Hand sagt demütig: „Joa, Herr Richter, e Kientopp hebb wi noch nich!“

Bei seiner Tätigkeit in K. war der Gerichtsdiener Bohn alt und grau geworden. Die eintönigen Verhandlungen interessierten ihn kaum noch. Er empfand als angenehme Unterbrechung, daß die Zeugen, die ihre Glaubwürdigkeit unterstreichen wollten, und die Angeklagten, die ihr gutes Herz demonstrieren wollten, ihm einen Schluck aus der Flasche anboten. Soweit er dadurch nicht gestört wurde, schlief er. Der Amtsgerichtsrat brüllte einen hartnäckigen Sünder einmal mit lauter Stimme an: „Ach, Sie sind ein Windikus und Dreher!“ Bohn wachte auf und gab das mit halbem Ohr gehörte weiter, indem er die Tür aufriß und mit lauter Stimme rief: „Windikus und Dreher eintreten!“

✣

Das Landsratsamt verlangte einen Anschlag, durch den ein tollwutverdächtiger Hund mit schwarzer Schnauze gewissermaßen steckbrieflich verfolgt wurde. Er sei zu töten, sobald er erreicht werden könne. Am folgenden Tage sah der Anschlag des Gemeindevorstehers an seiner Schwarzen Tafel so aus: „Es ist ein bunter Hund verlorengegangen, auf Befehl des Herrn Landrat, welcher eine schwarze Schnauze hat, wer ihn antrifft, soll ihn totschlagen.“

✣

Es gab in Krawallischken einen Prozeß, der schon die Väter und die Großväter der jetzigen Anwaltsgeneration ernährt hatte. Aus besonderem Anlaß trug der Landrat dem Gemeindevorsteher auf, einmal die ältesten Leute des Dorfes in der fraglichen Angelegenheit zu vernehmen. Der Gemeindevorsteher sah sich außerstande, den Auftrag durchzuführen. „Die

Verfügung des Herrn Landrats ist leider nicht durchführbar, da die ältesten Leute des Dorfes vor einigen Jahren verstorben sind."

⁂

Der achtzehnjährige Sohn des Bauern Spandöck hatte vor dem Amtsgericht zu erscheinen, um den Nachlaß seines Vaters zu regeln. Der Vater hatte gut und gerne seine drei Zentner durch das Leben getragen. Sein Sohn sah daher merkwürdig aus: Weite Kleider hingen um den schlanken Bengel herum. Die Ärmel reichten ihm bis an die Knie, ebenso als wenn der kleine Junge Vaters Kleider angezogen hat. Auf die Frage des Gerichtsrats berief sich der Sohn darauf, er sei so erschienen, wie das Gericht es angeordnet habe. In der Ladung hatte nämlich gestanden: „Sie werden ersucht, auf dem Amtsgericht, Zimmer 9, in S a c h e n Ihres verstorbenen Vaters zu erscheinen."

⁂

Der Gemeindevorsteher erhielt vom Amtsgericht ein Ermittlungsersuchen; es solle festgestellt werden, ob Wilhelm Baltruschat und Wilhelm Paul Baltruschat identisch seien. Der Gemeindevorsteher stellte fest: „Wir haben hier einen Wilhelm und einen Wilhelm Paul Baltruschat. Beide sind dem Trunk ergeben. Ob sie außerdem noch identisch sind, habe ich nicht feststellen können."

⁂

Es sollte eine Meliorationsgenosssenschaft gegründet werden. Ein Teil der präsumtiven Genossen hatte sich bei dem Gemeindevorsteher eingefunden und wartete auf den Landrat, der die Gründungsversammlung selbst leiten wollte. Als er mit dem Wagen in das Dorf kam, fragte er eine Frau, wo denn eigentlich der Gemeindevorsteher wohne. „Doata steht er ja, de Spezbub!“ Die Verhandlung wurde durchgeführt. Die Genossenschaft wurde gegründet. Die Arbeit war erledigt. Der Landrat führte noch ein freundliches Gespräch mit der Frau des Gemeindevorstehers: „Wie gefällt Ihnen denn das Amt Ihres Mannes?“ „Oh“, sagte die Frau, „da ist ja weiter nichts dran, bloß der Titel.“ „Ja, ja“, erwidert der Landrat, „Sie haben ganz recht; den Titel habe ich vorhin schon am Dorfeingang gehört.“

Schon von jeher behauptete der alte Bauer Karl, die Steuern würden immer höher. Nie war er mehr in Wut, als wenn er wieder einmal an die Gemeinde Steuern bezahlen mußte. Einmal platzte ihm der Kragen, und er erklärte lauthals im Gasthaus, das alles sei kein Wunder, denn die Hälfte des Gemeinderats seien Ochsen. Der Bürgermeister war begreiflicherweise über diese öffentliche Kennzeichnung nicht erfreut, klagte; Bauer Karl wurde verurteilt, eine Buße für einen wohltätigen Zweck zu zahlen und außerdem seine Beleidigung durch eine öffentliche Erklärung an der Gemeindetafel zu widerrufen. Die Buße zahlte er, ohne einen Ton zu reden. An die Gemeindetafel schlug er einen Zettel mit folgender Erklärung an: „Ich erkläre hiermit, daß die Hälfte des Gemeinderats keine Ochsen sind.“

In der Bürgermeisterei ist ein neuer Schreiber angestellt. Vor ihm erscheint eine Hausgehilfin und beantragt einen Ausweis. Dafür ist ein Fragebogen auszufüllen, bei dem alles glatt geht bis zu dem Schlußvermerk. Der lautet nämlich: „Dient nicht als Reiselegitimation." Nach einigem Überlegen setzt der Schreiber entschlossen dahinter: „sondern als Viehmagd!"

❊

Ein großer Köter, noch dazu ohne Maulkorb, als Begleiter eines Bauern, und das, während im Kreise Hundesperre wegen Tollwut verhängt ist. Der Gendarm verlangt höflich, aber dringlich, daß der Hund sofort an die Kette gelegt wird. Der Bauer tut, als höre er gar nichts, und geht ruhig weiter. Der Gendarm läuft ihm nach, fordert ihn noch einmal auf. Der Bauer geht schweigend weiter. Schließlich droht der Gendarm mit Strafanzeige. Darauf kommt die gemütliche Antwort: „Der Hund gehört mir gar nicht." „Daß der Hund Ihnen gehört, das sieht man doch, denn er läuft Ihnen ja immer nach!" „Das ist doch überhaupt kein Beweis", antwortet der Bauer, „Sie laufen mir doch auch immer nach!"

❊

Der Gemeindevorsteher war sich über die Lasten seines Amtes ganz klar. „Wissen Sie", sagte er, „Gemeindevorstand, das ist so ein Pfahl auf dem Dorfplatz, an dem jedes Schwein sich scheuert."

❊

Anschlag an der Gemeindetafel:
„Sollten wegen der jetzigen Tollwut Besitzer von

Hunden ohne Maulkorb angetroffen werden, so erhalten sie nicht bloß 20 Mark Geldstrafe, sondern sie werden mittels Gift oder Abdecker unschädlich gemacht."

*

Ein alter Krieger von 1870 konnte sich in seinem Alter an verschiedenes nicht gewöhnen, schon gar nicht an die Errichtung der Finanzämter. Als er einmal an sein Finanzamt schreiben mußte, schrieb er eine reichlich anzügliche Anschrift auf den Briefumschlag, strich sie durch, jedoch so, daß es lesbar blieb, und schrieb darüber „Finanzamt". Das Ergebnis war zwei Tage Haft. Er verbrachte sie ruhig und nachdenklich in seiner Zelle. Dort besuchte ihn aus Anlaß einer Revision der Oberstaatsanwalt. Der Veteran blieb gleichgültig sitzen und beäugte sich den hohen Herrn. „Nun", sagte der Oberstaatsanwalt, „kennen Sie mich denn nicht?" — „Nein, ich hatte noch nicht das Vergnügen, hier zu sein!" — „Wissen Sie denn nicht, daß die Gefangenen aufzustehen haben, wenn ich die Zelle betrete?" Der alte Veteran kopfschüttelnd: „Ich bin zum S i t z e n verurteilt und nicht zum Aufstehen!"

*

Ein kleines Dorf im Samland in der Nähe von Rauschen beschloß eine Werbung für Badegäste. Zu diesem Zweck wurden an der Küste entlang eine Reihe von Bänken aufgestellt. Die waren aber bald durch eingeschnitzte und geschriebene Namen von Besuchern häßlich verunziert. Der Gemeindevorsteher

Mattuttis fand schließlich kein besseres Mittel als die folgende Tafel:

„Nur ein Esel verewigt sich hier.
Mattuttis, Gemeindevorsteher.“

✻

Es ist Fohlenmarkt. Ein Aufkäufer sieht sich die Fohlen an. „Ja, aber, mein Lieber, dieses Füllen ist zu schief!“ — „Wenn dat Felle scheef ist, denn schlacht ick em to Kleen-Pingste und frät em opp.“ „Na, na, schon gut. Lassen Sie es denn doch mal hier auf diesem Grasweg, aber ganz geradeaus laufen. Wir werden ja sehen.“ — „Ja, mein Lieber, hol' mich der Deubel, es ist doch schief!“ — „Nehmen Se man erscht dat Scherbel (Augenglas) ut dem Oog, dann wart he ock nicht scheef sinn.“ — „Und ich sage Ihnen, es ist doch schief!“ — „So, also scheef! Unn Se welle wat von Perd verstoane, unn Rittmeister will Se ook sin? Ick warr enne wat segge: loate sick opp e Piepekopp moale, oawer binnwendig, damit enne de Fleege nich beschiete!“

✻

Ein in Ostpreußen sehr bekannter Präsident einer Remontekommission mustert auf dem Markt Pferde. Bei einem Pferd bemängelt er zu große Magerkeit. Der Züchter kommt mit der Ausrede, das Pferd komme in keinen besseren Futterzustand, trotzdem es neben guter Weide noch soviel Klee und Grünfutter erhalte, wie es fressen wolle. Darauf der Präsident: „Probieren Sie es doch mal mit Hafer!“

Die erste Remontekommission wurde früher von dem Major von Bredow betreut. Sein hervorragendes Verständnis und sein scharfer Blick waren bekannt. Der Gutsbesitzer M. versuchte einmal durch einen guten Bekannten ein Pferd noch einmal vorführen zu lassen, das der Major von Bredow schon zurückgewiesen hatte. Der Wallach wurde sofort wiedererkannt. „Mein Lieber, der Gutsbesitzer M. hat ganz genau so einen braunen Wallach, kaufen Sie den, dann haben Sie ein Paar vorzügliche Passer."

⁂

Bei einer anderen Remontevorstellung wird ein Wallach vom Züchter dringend angepriesen, trotzdem er unschön und langhaspelig ist. „Nee, nee, danke, der ist für uns zu schade, den müssen Sie zur Zucht behalten!" — „Aber, Herr Oberstleutnant, es ist ja ein Wallach!" — „Gerade darum; da kann er keinen Schaden anrichten!"

⁂

Vor dem Ersten Weltkrieg wurden die ersten Rennen in Insterburg noch auf den „Althöfer Wiesen" geritten. Die Bahn hatte gerade vor der Tribüne einen breiten Wassergraben. Bei einem Rennen verweigerte das Pferd des sehr bekannten Rennreiters Leutnant Kaulbars den Graben, so daß Kaulbars hoch im Bogen über den Hals des Perdes hinweg ins Wasser fiel. Darauf einer von der Tribüne: „Wenn der Kaulbars Wasser sieht, dann ist er nicht zu halten."

Ein anderer Präses der Ankaufkommission wai bekannt dafür, daß er die von den kleinen Bauern vorgestellten Pferde besonders wohlwollend prüfte. Er mußte ein Pferd ablehnen, da das Vorderbein nicht gefiel. Nach Abschluß des Termins ging der Besitzer des Pferdes noch einmal an den Präses heran und bat ihn: „Kaufen Sie mir doch mein Pferdchen ab! Es schwimmt doch man so." Exzellenz klopfte ihm auf die Schulter und erwiderte: „Mein Lieber, die Marine braucht noch keine Remonten."

❊

Anno 1913 wurden im Zuge der Mobilmachungsvorbereitungen die Bestände an kriegsverwendungsfähigen Pferden ermittelt. Dabei erhielt ein Herr von einem Pferd einen Schlag, der jedoch glücklicherweise keinen weiteren Schaden anrichtete. Nur der Hut flog ihm vom Kopf. Unter dem Hut war eine repräsentable Glatze. Ein Zuschauer rief entsetzt: „Herrje, forts alle Hoar vom Kopp geschloage!"

❊

Von den beiden Schwestern interessierte sich die eine für Literatur, die andere züchtete mit höchster Passion Pferde. Als der Landstallmeister einmal da war, ging die Züchterin vorbei, während er mit der literarischen Schwester geistvolle Gespräche führte. Sie hörte den Namen „Goethe". Da sie bei dem Landstallmeister natürlich nichts anderes als Pferdegespräche vermutet, wirft sie in das Gespräch die Frage: „Goethe?" — „Goethe? Kenn' ich nicht. Wo steht der Hengst?"

Bei der Pferdemusterung wird ein Bauer gefragt: „Wieviel Pferde haben Sie?“ „Fünf“, lautet die Antwort. „Das beste Pferd hat mir vor kurzem der Teufel geholt.“ „Ja, ja, der Teufel ist der beste Pferdekenner!“

Es gab eine Zeit, da fuhren die Ärzte und Tierärzte noch mit ihren eigenen Pferden und dem eigenen Wagen über Land. Auch für Leute, die es eilig hatten, war das Auto als Beförderungsmittel noch nicht vorhanden. Damals mußte der Doktor einmal die Pferde tränken und zu diesem Zweck im Krug Station machen. Er selbst ging in die Gaststube. Als es soweit war, kam sein Kutscher herein und meldet: „De Peerd hebbe sich sattjesoape, wenn de Herr Doktor ok so wiet es, könne wie all foahre!“

Der größte Pferdemarkt fand bekanntlich in Wehlau statt. Das bedeutet aber nicht, daß auf diesem größten Markt ausschließlich gute Pferde gehandelt wurden. Einem der zahlreichen Käufer wurde ein nicht unbedingt guter Gaul durch den zehnjährigen Jungen des Besitzers vorgeritten. In allen Gangarten. Der Besitzer hilft mit der Peitsche noch nach, trifft dabei aber die nackten Beine seines Sohnes. Als der Junge weinend zurückgeritten kommt, sagt der Alte: „Junge, was heulst? Gönn doch dem Mann das gute Pferd!“

Auf dem Gut ist eine junge Frau zum Besuch und fragt mehr, als der Inspektor antworten kann: „Herr

Schmidt, als Gumbinner sind Sie wohl auch ein flotter Reiter?“ — „Jawohl, gnädige Frau!“ sagt er, „ich bin all mit der Trens’ jeborn.“ — „Ach, ach, Ihre arme Mutter!“

⁂

Zwei Landarbeiter sehen, wie der Milchwagen vorüberfährt. Dem Gaul hängt die Zunge aus dem Maul. „Du, Karl, was fehlt dem Pferd?“ — „Na, Mensch, siehst nich, dem is das Maul zu kurz!“

⁂

Es gibt Bauern, die haben die besten und saubersten Felder, die größten Kartoffeln und Wruken, aber sie verstehen nichts von Pferden. Gerade darum sind sie oft auf eine eigene Zucht besonders stolz. So einer kam mit einem selbstgezogenen Hengst auf den Wehlauer Pferdemarkt, bot ihn an, führte ihn allen Bekannten vor und erwartete Lob und Bewunderung. Nachdem einige sich sehr gewunden ausgedrückt hatten, wurde einer schließlich deutlich: „Schade, schade, daß Dein Hengst nicht gleich als Wallach geboren wurde!“

⁂

Landwirt Graf war ein vornehmer Mann. Sein Berliner Gast, mit dem er durch die Felder fuhr, war noch viel vornehmer. Die Herrschaften stiegen an einem Schlag ab, auf dem Ochsengespanne pflügten. Bedächtig traten sie an eins der Gespanne heran; der Sattelochse erschrak und trat in die Furche. Wütend schrie der Gespannführer: „Ju Kreete, ju schiee ook vor jedem Schiet!“

Täglich fährt der Milchfahrer zu der großen Genossenschaftsmolkerei in die Stadt. Einmal kommt er schwer betrunken wieder nach Hause. Sein Betriebsführer ist ärgerlich: „Alter Kerl, es ist doch keine Art, sich gleich so zu besaufen!" Der Milchfahrer: „Herrke, wenn Se jeschonke kreeje, drinke Se dann nich ook?"

Auf einer Trakehner-Auktion hatte ein Landwirt, der passionierter Reiter war, den „Immenjäger" ersteigert. Einige wollten das Pferd kennen und wissen, daß der Immenjäger Krippensetzer sei. Nach einiger Zeit spricht man wieder von dem Pferd. Diesmal ist ein Lehrling dabei: „Ich habe mindestens eine Stunde im Stall gestanden und aufgepaßt; aber der ‚Immenjäger' hat sich nicht ein einziges Mal auf die Krippe gesetzt."

Eine nasse Heuernte hatte das Futter verdorben, und die Sorgen, wie der Viehbestand im nächsten Winter durchgefüttert werden sollte, waren groß. Der Gutsbesitzer bestimmte einen Teil des verregneten Heus für die Pferde, womit der alte Gespannführer Emil natürlich nicht einverstanden war. Er nimmt einen Wisch von dem verregneten Heu, hält es dem Sattelwallach vor und sagt verachtungsvoll: „Doa kick, Bruner, ditt sullst du nu fräte!" Der war aber ein Allesfresser und ließ lich die Handvoll nicht zweimal anbieten, schnappte das Heu aus der Hand und würgte es herunter. Der alte Gespannführer wütend: „Du olet Krät, du frettst ower ok jedem Schiet!"

Staunend sah ich die breite Landstraße am Kartoffelschlage entlang; durch den tiefen Sand schleppten zwei edle Renner einen alten Kutschwagen, dessen Halbverdeck bisweilen ganz merkwürdig von hinten nach vorn wippte. „Aber, Onkel", sagte ich, als ich den alten Landschaftsrat St. erkannte, „du müßtest dich eigentlich schämen, als einer der wohlhabendsten Leute, so durch das Land zu fahren!" — „Ach, du Grünschnabel! Wenn man bald 80 Jahre alt ist, fährt man gern bequem. Früher traf mein Jakob jeden Stein, aber jetzt — jetzt mit diesem Wagen biegt der Jakob jedem Stein — auch im Dunkeln — aus, sonst kriegt er gleich mit dem losen Verdeck eines ins Genick."

⁂

Der Landwirt Stepputat und der Kutscher Pahlke konnten sich ganz besonders gut leiden und hänselten sich infolgedessen gern und oft. Einmal fuhr Stepputat zur Bahn, traf unterwegs einen Bekannten, ließ natürlich halten und begann ein langes Hin und Her über die Bestellung, über den Stall und über Wind und Wetter. Endlich war man am Ende, reichte sich die Hand und nahm Abschied. „Na, Pahlke, nu fahr!" Pahlke aber war wütend: „Erst schabbern und schabbern — und dann Pahlke fahr!"

⁂

Übrigens mußte Pahlke besonders oft nach Widminnen fahren. Diese Fahrten haßte er wegen des schlechten Weges. Er hatte sich schon lange vorgenommen, dem Herrn diese Fahrten abzugewöhnen. Der lehmige Landweg war einmal knochenhart gefroren und nahm den Wagen und die Insassen ungewöhnlich in Anspruch. An einem Lehmberg stoppte Pahlke das Fuhrwerk, stieg ab und reichte Stepputat die Leine: „Foahre Se, mi blood von dem Gestukere de Näs.“

❋

Auf einem andern großen Gut war der Kutscher August ein prächtiger Mann, der viel nachdachte, aber selten sprach. Wir waren oft zu Besuch gewesen, als wir mit dem Sohn des Gutsbesitzers befreundet waren. Nach Jahren, als er und wir lange erwachsen waren und er das Gut schon selbst bewirtschaftete, fuhren wir wieder hin. Der Kutscher August holte uns von der Bahn ab, wie in den seligen Jugendzeiten, die dadurch wieder lebendig wurden. „Na, August, wie geht's, noch immer frisch und munter? Lebt der Schimmel noch?“ August wie immer stumm und nachdenklich. Endlich entschließt sich einer zu der Frage: „Aber, August, kennst du uns denn gar nicht mehr?“ Darauf wurde August endlich lebendig: „Einer kann doch wohl von vielen gekannt sein, aber er kann nicht alle kennen!“

❋

Als ich schon lange in der Stadt leben mußte, besuchte ich einmal wieder meine Eltern. Bei dieser Gelegenheit wollte ich mir ein Mädchen suchen, einfach und schlicht, wie ich es liebte. Ich fuhr mit unserm alten Kutscher in die Nachbarschaft in ein kleines Dorf am Walde, um mir in einem Kätnerhäuschen ein von der Mutter empfohlenes Mädchen anzusehen. Wir waren erwartet worden. Die Empfohlene erschien wunderbar zurechtgemacht und war alles andere als bescheiden. Ich entschloß mich daher nicht, sondern griff zu dem Vorwand einer Bedenkzeit; als wir nach Hause fuhren, sprach ich mit dem Kutscher Martin über den Fall: „Na, Martin, was meinen Sie, soll ich das Mädchen mieten?“ Martin war aber gar nicht einverstanden, hatte noch größere Bedenken wie ich: „I wo doch, die hatt sich ja genauso dummstolz wie die gnädige Frau selbst!“

✽

Gelegentlich eines ganz hohen Staatsbesuches mußten in Trakehnen geeignete Gestütswärter beim Servieren an der Tafel aushelfen. Natürlich lag ihnen diese Arbeit nicht so gut wie der gewohnte Umgang mit Pferden. Dem einen kam ein großer Pudding beim Auftragen erheblich gefährdet vor. Als er hin und her schwankte, hielt der Gestütswärter die Hand vor: „Oh, la stoh!“

✽

In einem Lazarett in Ostpreußen glaubt der Arzt einen nicht berechtigten Liebhaber für den Alkohol festgestellt zu haben, den er für medizinische Zwecke im Apothekenregal hat. Die Flasche erhält darum ein Etikett: „Vorsicht! Methylalkohol! Nach Genuß Erblindung!“ Am nächsten Morgen ist die Flasche wieder etwas erleichtert und hat ein zweites Etikett: „Ein Auge riskier ich!“

✽

„Na, Frau Oberschweizer, legen Ihre Hühner auch schon fleißig?“ — „Ja, zwei haben all angefangen, so e bißche zu krümeln!“

Weil sie mit reichlichem Gepäck zu reisen pflegten, holte ich meine beiden Tanten aus Pillkallen mit der Autotaxe auf dem Bahnhof ab. Als die Fuhre abgeladen war, wurde richtig noch eine Hutschachtel vermißt. Ich fand die Autotaxe noch unten, gerade im Begriff abzufahren. „Halt! Da muß noch eine Schachtel im Wagen geblieben sein!“ — „I wo, mein Lieberche, se sind beide mit Sie ausgestiejen!“

⁂

Die Besatzung des Luftschiffes „Graf Zeppelin“ sollte bei ihrer Fahrt in Königsberg auf dem Landungsplatz in Devau ein Glücksferkel erhalten. Es wurde mit dem Milchwagen zur Bahn geschickt und nach Devau weiterverladen. Später unterhielten sich die Kutscher im Dorf darüber, wer denn nun den Zeppelin gesehen habe und wer nicht. Darauf unser Milchfahrer: „Gesehne?... Wi verloade all Schwien mit em!“

⁂

Unser alter Kutscher Hein war nicht nur treu, sondern besonders höflich und wohlwollend. Als unsere alte Mutter einmal zum Bahnhof gefahren werden mußte, an einem Tage, der zwar schön und sonnig war, aber doch schon im Spätsommer, flogen in der Luft die weißen Fäden des Altweibersommers. Da drehte sich der liebe Alte herum auf seinem Kutschbock und sagte: „In dissem Joahr hebbe wi dem ole-gnädge-Fru-Sommer schon sehr fröh.“

⁂

Der Ochsenwagen vom Gut stand an der Wellblechbude beim Kleinbahnhof; daneben wartete der

Milchfahrer, der auch die Ochsen pflegte, auf den Zug. Man hörte schon lange die Lokomotive pusten und schnaufen, auch ab und zu einmal schrill pfeifen, und zwar sehr lange, schier endlos. Allmählich wurde der Milchfahrer dadurch neugierig. Er trat auf das Gleis und wollte sehen, was da eigentlich los war. Einer von seinen Ochsen hatte ein Loch am Weidegarten gefunden und trollte jetzt vergnügt vor der Lokomotive her, ließ sich weder durch den Dampf noch durch das Pfeifen vom Bahndamm vertreiben. Gar nicht einverstanden war der alte Milchfahrer aber damit, daß der Zugführer vorn auf der Plattform der Maschine hing und auf den Ochsen mit einer Stange losdrosch. Diese rohe Behandlung seines wohlgepflegten Ochsen ließ den Zorn des Milchfahrers überkochen. Er lief dem Zug entgegen und brüllte voller Wut: „Eck glow, ju spanne nu schon onse Osse wär june Kaffemähl, dat wöll wie denn doch noch nich önföhre!"

⁂

Es gab auch einen Gutsbesitzer Pahlke. Der fuhr bei ganz miserablem Wetter einmal mit der Glaskutsche in die Stadt. Die dringende geschäftliche Sitzung zog sich lange, lange hin, und als er schließlich nach Hause fahren wollte, sah er seinen Kutscher Friedrich auf dem Kutschbock sichtlich hin und her schwanken. Wütend holte er ihn von oben herunter, setzte sich selbst auf den Kutschbock und fuhr los, ohne sich um Friedrich zu kümmern. Zu Hause fuhr er gleich in die Wagenscheune, kletterte herunter und fing an die Pferde auszuspannen. Da endlich machte Friedrich behutsam die Kutschentür auf und steckte den Kopf heraus: „Na, Herrke, utspanne war ick!"

Bei einem schweren Gewitter gehen alle 40 Füllen durch, die auf einem Weideschlag gehütet werden. Abends kommt der Besitzer zu der Herde, die wieder ganz ruhig weidet, und läßt sich von dem alten Plaumann, der sie hütete, berichten. „Ewer dem Wold un dem Barg käm de Schwark rupp, un et wurd ganz diester. Forts fung et an to proaßle un de Hoagel ging los. Ick sech bloßig noch, wie de schweetfossige Kobbel dem Zoagel in de höcht nähm un los, haudes alle aff, no Hus, rinn in de Stall. Oaber mi wär bol schlächt gegange, meist versoape wär ick." „Aber, Plaumann! Hier ertrinken, auf freiem Felde?" — „Ganz wahrhaftig! Dat ganze Woater käm von färe, immer rinn in de Schnuz, wie mit dem Emmer gegoate. Ick geroat doch nich mit unterschlucke."

Lange Zeit hatte ich einen Kutscher mit dem seltenen Namen Karl. Er liebte Unterhaltungen, aus denen er etwas lernen konnte. Wenn die Nacht z. B. sternklar war, mußte ich ihm die Sternbilder erklären. Alle konnte er natürlich nicht behalten, den Großen Bär hatte er sich aber genau gemerkt und wußte auch, daß da, wo der Große Bär steht, Norden sei. Allerdings war ihm nicht klargeworden, daß für das menschliche Auge sich das Sternbild um den Zenit dreht. Als er einmal am Abend sehr lange mit dem Wagen hatte warten müssen, sah ich ihn verdattert zum Himmel aufsehen, als ich einsteigen wollte. „Was ist denn los, Karl?" „Herr, der Norden hat sich verschoben!"

Früher gab es noch „Eleven“, die sich bekanntlich von gewöhnlichen Landwirtschaftslehrlingen dadurch unterschieden, daß sie bis 10 Uhr vormittags die Landwirtschaft vom Bett aus erlernten. Aber dafür zahlten sie auch Pension. Der Herr Eleve Hans, 19 Jahre alt, aus altem rheinischem Geschlecht stammend, bekommt nach dem Remontemarkt eine „Gestoßene“ zum Reiten. Er ist selig, stiehlt aus dem Gemüsegarten Karotten, vom Speicher Hafer und füttert seinen Abgott. Bei dieser Gelegenheit glaubt er gefühlt zu haben, daß der Gaul ihm den großen roten Stein aus dem Familienring gedrückt und wohl mit verschluckt hat. Er ist untröstlich: „Ach, Herr Kutscher, bitte doch nur ja auf den Dünger gut aufpassen, ach ja, bitte!“ Am nächsten Morgen: „Na, Herr Kutscher, haben Sie schon was gefunden?“ — „Nein“, am Abend ebenso: „nein“. Am folgenden Morgen: „Nun, wie ist es, Herr Kutscher?“ „Herrke, nu ware wi em gliek hebbe, upp dem letzte Perdsäppel wär all de Wappe drupp.“

*

Als es noch keine Autos gab, gehörte zum Kaiser-Wilhelm-Platz in Königsberg ein Droschkenkutscher, der eine besonders große rote Nase hatte. Die Wartezeiten zwischen den Fahrten füllte er damit aus, daß er irgendwelche Zeitungen Wort für Wort studierte, von vorn nach hinten, von hinten nach vorn; es kam nicht so genau darauf an. Einmal hatte er von Hungerkünstlern gelesen, die eine Zeitlang sozusagen in Massen auftraten. Er überlegte sich den Fall und kam schließlich zu dem Ergebnis: „Was die Kerls können, das muß mein Brauner doch auch können.“ 8 Tage lang ließ er seinen treuen Gaul ohne

Nahrung, bis der diese undankbare Erde verließ. „Schade, schade", sagte der Droschkenkutscher, „nu hatt' ich ihm grad so weit, da sterbt das Tier!"

✿

Auch der Förster hatte einen Kutscher Karl. Der mußte einmal drei Meilen in die Kreisstadt fahren, um in der Reparaturwerkstatt die Schrotmühle abzuholen. Als er schon angefahren war, rief die Förstersfrau ihm noch nach: ein Päckchen Zündhölzer sei auch mitzubringen. Nach sechs Meilen Wagenfahrt kam er am Abend müde und hungrig in die Küche und gab die Zündhölzer ab. Der Förster hatte inzwischen im Wagen nach der Schrotmühle gesucht: „Karl, wo hast de Maschin?" Darauf Karl: „Drum wär mi doch immer so, als ob ick noch watt vergäte had."

✿

Karl war daran gewöhnt, daß Försterbesprechungen lange dauern. Daher beschloß er, sich die Wartezeit durch einen zünftigen Skat mit zwei jungen Kutschern zu verkürzen. Als die Tür einmal offen stehen blieb, sah der Förster, wie die beiden jungen Bengels sich unter den Tisch bückten und sich gegenseitig Karten zusteckten. Er rief den alten Karl zu sich und sagte: „Mensch, die betrügen dich!" Karl nahm das aber nicht übel. „Loate Se man, Herrke, ick weet; wenn de beide Gnosse sich böcke, klau ick se oppen Desch de Dittkes wech."

✿

Auf einem großen Gut pflügte man noch oft mit Ochsen. Wie sich das gehörte, waren die Ochsenknechte alt, langsam und hatten graue Bärte. Sie waren nicht so flott wie die Treckerführer. Der junge Gutsherr sah sich das Geschäft eines Tages an, trieb gelegentlich zu größerer Eile und sah dann wieder dem langsamen Geschäft zu. Ein Ochse blieb sogar ganz stehen, um sich etwas zu verschnaufen. Darauf der Ochsenknecht: „Wat steihst die all wedder so hen wie e Prizepoal!"

Ein Kutscher sollte von der Genossenschaft Sojaschrot, Sonnenblumenkuchen und Kleie abholen. Er kam zurück und meldete: „Klie un Sonneblomekoke hebb ick, oawer Sowjetschrot wär nuscht doa."

Vor Weihnachten wurde festgestellt, daß der Nußknacker verschwunden war. Karl sollte aus der Stadt einen Nußknacker mitbringen, und zwar einen einfachen. Er kam ohne Nußknacker zurück: „Eenfache gäw et nich, se wäre aller dubbelt!"

Der Nachbar geht vorbei und sieht, wie der Kutscher Karl sich mit einem Pferd abquält und flucht und schimpft und es sogar schlägt, weil es durchaus nicht ziehen will. Er sieht sich das eine Weile an, tritt dann an das Fuhrwerk und sagt zu dem Kutscher: „Mann, Sie müssen das vernünftig machen!" Er klopft dem Pferd den Hals, stellt sich an den Kopf, faßt in die Zügel — und plötzlich zieht das Pferd ganz vernünftig an. „Na, sehen Sie, Karl, hab ich doch gleich gesagt: Sie müssen das anders machen." „Ja", war die Antwort Karls, „aber allein geht das

Krät doch nicht, es ist bisher schon immer mit nem Ochsen zusammen gegangen!"

❁

Der Hof braucht ein neues Milchpferd. Nach Tilsit ist eine Stunde zu fahren, und die Milch muß um sieben Uhr in Tilsit sein. Der Händler hat ein Pferd, das er durchaus loswerden will. „Wenn Sie mit dem Pferd um fünf von Hause losfahren, dann sind Sie schon um ½6 in Tilsit." Das Pferd scheint dem Bauern ganz gut zu passen. Er muß aber doch erst mit der Mutter reden. „Das Pferd können wir nicht brauchen." Die Mutter sagt: „Was sollen wir schon um ½6 in Tilsit?"

❁

Dem Nachbarn ist die Kuh krank geworden. Nach einer Woche wird auch Pluschkats Kuh krank. Er geht zum Nachbarn. „Was hast Du der Kuh eingegeben, als sie krank wurde?" „Einen halben Liter Terpentin." „Schönen Dank auch." Pluschkat besorgt sich den halben Liter Terpentin. Ein paar Tage später trifft er den Nachbarn wieder. „Na, Pluschkat, wie ist denn mit Deiner Kuh geworden?" „Die is gestorben." „Na, tröst Dich, meine auch."

❁

Beim Reden am Biertisch kamen der Petereit und der Henseleit vom Hundertsten ins Tausendste, schließlich darauf, was wohl der Unterschied zwischen Höflichkeit und Takt sei. „Ach wat", entscheidet schließlich Henseleit, „wat soll da fore e Unterschied sein, Höflichkeit is Takt un Takt is Höflichkeit!" „Aber nee, Noaber, da is schon e Unterschied. Ich will Dir das mal klarmachen. Vorige Woche wollt ich zum Rechtsantwalt gehen. Es war dreiviertel zwei, als ich an sein Büro kam. Die Tür war noch zu. Ach wat, denk ich, was sollst Zeit versäumen, gehst in seine Wohnung und sprichst da mit ihm. Ich geh' also die Treppe rauf, die Tür steht offen, kein Mensch ist zu sehen; ich geh' weiter in den Gang, klopf' an eine Tür und mach' auch gleich auf. Herr Jesses, da steht de Frau Rechtsanwalt splitternackt in de Badewann un hält sich de Händ vors Gesicht. Ich rasch zurück, und im Zurückgehen sag ich: ‚Ach, entschuldigen Se man, Herr Rechtsanwalt!' Sieh man, daß ich gesagt hab: ‚Ach, entschuldigen Se man!' das war Höflichkeit, und daß ich gesagt hab, Herr Rechtsanwalt', das war Takt."

*

Im „Rasenden Litauer" sitzt Kadereit mit einem Freund und plaudert gemütlich. Da steigt ein anderer Fahrgast ein, begrüßt Kadereit sehr freundlich: „Schönen guten Tag auch, Herr Bertuleit, das ist aber nett, daß wir uns auch mal wiedersehen. Wie geht es Ihnen denn?" — „Danke, gut." — „Na, und Ihrer Frau und den Kinderchen?" — „Danke schön, alles gesund!" — „Na, und wie geht's denn in der Wirtschaft; haben Sie schon eingefahren?" Kadereit nickt. Auf der nächsten Station steigt der neugierige Fahrgast aus. Kadereits Freund, höchst erstaunt, fragt ihn: „Aber, Kadereit, Mensch, was is mit Dir los, hast denn jetzt ein Grundstück?" — „I wo", meint Kadereit. — „Na, und verheirat bist doch auch nich und hast doch auch keine Kinder!" — „Nee, i wo!" — „Du heißt doch auch nich Bertuleit, warum sagst denn dem Mann das nich?" — „I", sagt Kadereit, „soll ick denn mit em Striet anfange!"

⁂

Herr Grabowski wartet in höchster Ungeduld darauf, daß ein Waggon Thomasmehl endlich ankommt. Es soll noch vor der Saat gestreut werden. Jeden Tag wird der Bahnhof angerufen, und endlich kommt die Nachricht, der Waggon sei da. Auf dem Gut hat man keine Zeit, bis zur Abfertigung durch den Bahnhofsvorstand zu warten. Man läßt den Waggon sofort unmittelbar aufs Feld abfahren und den Dünger mit der Maschine ausstreuen. Es wurde fleißig gearbeitet und der ganze Schlag bald geschafft. Am gleichen Tage geht dem Inspektor des Nachbargutes der Anruf vom Bahnhof zu, der Waggon Zement wäre da. Der Inspektor fährt zur Station, läßt den Wagen suchen und fertigt die Papiere ab. Auf einmal kommt der Arbeiter angelaufen: „Aber, Herr Spektor, dat is ja kein Zement, dat is ja Zigoaneschiet!" Die genaue Nachprüfung ergab, daß kein Zement mehr da war, sondern wirklich nur noch das Thomasmehl, das von Herrn Grabowski so sehnsüchtig erwartet worden war. Dafür war der Zement zum Beizen gestreut. — Für lange Zeit machte Herr Grabowski einen großen Bogen, weil er sich nicht zu seinem ganz besonders winterharten Weizen gratulieren lassen wollte und keine Lust hatte, auf die Anregung einzugehen, den Weizen doch als Zementweizen weiterzuzüchten.

⁂

Der Kämmerer bekam vom Gute die Weisung, die Weihnachtsbäume für alle Familien auf dem Hof einzuschlagen, da er genau wüßte, wo die Grenze zwischen Wald und Feld verliefe. Nach ein paar Tagen reitet der Gutsbesitzer die Grenze ab, um zu sehen, ob die Weihnachtsbäume vernünftig eingeschlagen wurden und nicht etwa zu große Lücken im Bestande verursacht waren. Statt der Schlagstellen fand er aber nur Spuren einer Schleppe aus dem Wald des Nachbarn. Sofort fragte er zu Hause, ob denn etwa die Weihnachtsbäume aus dem Wald des Nachbarn entwendet worden seien. Mit höchst zufriedener Miene bestätigte der Kämmerer das: „Ja, Herrke, Se häbbe doch noch extra gesoagt — ‚Kämmerer, Sie kennen doch aber die genauen Grenzen!“

Am Roßgärtner Markt in Königsberg kamen zwei Sackträger aus der Kneipe, zwischen denen sich folgendes tiefsinnige Gespräch entspann. „Karl wi beid häbbe uns wedder goat besoape, wie ware wi blos tohus de Mutter begeusche?“ — „Ick käp e Käs, wenn se dem kricht, is se nich mehr bees.“ — Schwankend holte er aus einem Lebensmittelgeschäft ein Stück Käse. Da fängt der erste an zu jammern: „Wat mook ick blos, ick häbb doch nu keinem Käs fer de Mutter?“ — In seinem gutmütigen Rausch bietet der andere an: „Wie ware dem Käs utroade (auslosen).“ Er bückt sich vorsichtig, hebt einen Stein auf, nimmt in die eine Hand den Stein, in die andre Hand den Käse, hält beide Hände auf den Rücken und fragt dann: „Wat wellst hebbe, dem Steen oder dem Käs?“ —„Na, denn giff mit dem Käs.“ — Der andere weinerlich: „Da hest dem Käs, Du Glickspilz!“

Zu einem Besuch beim Bruder wollte ein Bauer den Weg abkürzen und über einen vereisten See fahren. Der alte Kutscher widersprach mit Nachdruck: „Herr, Sie haben so eine nette Frau und gute Kinder und so ein schönes Gut und wollen sich nun hier versaufen!" — „Aber August, rede doch keinen Unsinn. Die Menschen fahren doch hier alle über den See." — „Ja, aber von den Masuren stirbt ja auch keiner im Bett."

⁂

Der Bauer und sein Knecht waren im Walde beim Holzfällen. Der Bauer hatte ein Format von rund hundert Kilo. Als der Baum gerade in der Richtung fiel, in der die beiden standen, mußten sie schleunigst die Beine in die Hände nehmen. Der Knecht fiel über eine Baumwurzel lang hin, der Bauer auf ihn drauf. Darauf der Knecht ängstlich: „Herrke, sent Se et? Eck docht, et wer de Eek (Eiche)."

⁂

Der Bauer war im ersten Weltkrieg beim Nachbarn zu Besuch. Auf dem Hof sieht er einen ausländischen Arbeiter stehen. „Du, Noaber, häßt ook e Ruß?" — „Nee, Mensch, mi häbbe se angefeert — min Ruß ös e Franzos, aber eck ben ganz tofrede." Dann winkt er den Franzosen heran: „Kumm moal her, Napoleum!"

⁂

Der Viehfütterer bekommt vom Gutsherrn Vorhaltungen wegen der vielen güsten Kühe. Er verteidigt sich: „Jo, Herrke, aller wat eener nich sälber deit, is to nuscht."

Der Herr Landschaftsrat hielt streng darauf, daß sein Papierkorb durch das Stubenmädchen geleert wird. Als er eines Morgens um sieben Uhr in sein Arbeitszimmer kommt, sieht er den Papierkorb ungeleert. Kurz entschlossen ergreift er ihn, geht in die Küche, um den Inhalt selbst im Herd zu verbrennen. Er fragt das Küchenmädchen: „Ist Feuer im Herd?“ Worauf dieses sachverständig erwidert: „Jawoll, Herr Landschaftsrat, soll Grogwasser sein?“

K. trank gern und lange Rotspon und Karl, der Kutscher, mußte draußen warten. Sein Kutscher tat ihm leid, und er schickte oft einen Schnaps oder einen Grog raus. Als der Rotspon einmal besonders gut war, brachte er ihm selber ein Glas davon. Karl trank es herunter, zog ein saures Gesicht und sagte: „Brr, es da Tüg ook suer!“ Darauf sein Herr: „Siehst, Karl, und das muß ich nun alle Tage saufen.“

Als der Bauer Seiffert alt und komisch geworden war, wirtschaftete er auch komisch. Im Bodenfenster hatte er ein großes Fernrohr und beobachtete von da aus die Arbeit auf dem Felde. An einem schönen Tage gegen Johanni, als ich ihn besuchte, schlug er vor, eine Fahrt über die Felder zu machen. Der alte Kutscher wurde gerufen, er solle anspannen. „Welchen Wagen soll ich denn nehmen, den zunen oder den offenen?“ — „Na, nimm man den zunen!“ — Als er vorfährt, sitzt August auf einem Feldwagen. Auf meine Frage, warum er nicht den zunen genommen habe, antwortet er: „Das ist unser zuner.“ — „Und welches ist denn der offene?" — „Dat is de, an dem de Pferd dat Polster opgefräte hebbe."

❧

Der Viehhändler hat lange mit der Bäuerin über eine Sau verhandelt und sich schließlich mit ihr geeinigt: 48 Mark für den Zentner Lebendgewicht. Die Bäuerin machte aber den Vorbehalt, ihr Mann müsse zustimmen. Richtig erhält der Viehhändler am nächsten Tage folgende Karte: „Mit dem Preis meiner Frau pro Zentner Lebendgewicht 48 Mark bin ich einverstanden. Sie können die Sau morgen abholen."

❧

Der Herr Ökonomierat hatte das Pech, daß sein Neffe von einer Kreuzotter gebissen wurde, als er ihn auf einem Pirschgang mitgenommen hatte. Natürlich mußte die Pirsch abgebrochen und die Wunde vorschriftsmäßig behandelt werden. Das Lexikon belehrte zu Hause: Kreuzotterbiß kann tödlich wirken. Gegenmittel: Wunde aussaugen und reinigen, das gebissene Glied abschnüren und möglichst viel Alkohol trinken. „Na, Ernst, das wollen wir bestens besorgen. Hinter mehreren großen Schnäpsen kam eine Flasche Portwein und dann sehr bald zwei Gläser mit heißem Wasser für den Grog. „Aber nicht zu viel Wasser, wir müssen viel Alkohol einnehmen", riet der Onkel. Beim dritten Glas meinte der Neffe: „Onkel, warum trinkst Du eigentlich so viel wie ich, Dich hat doch die Kreuzotter nicht gebissen?" — „Aber sie hat mich so giftig angesehen!"

Neben dem Hof war mit erklecklichen Kosten ein Teich angelegt worden. Der Bauer war sehr stolz darauf, mußte sich aber manche Hänselei gefallen lassen, weil der Teich sehr flach geraten war. Aber, wie es das Unglück will, fällt ein Betrunkener in den Teich, bleibt liegen und ertrinkt. Der Bauer erzählt die Bemerkung: „Der hat Dir bloß e bißche schmeicheln wollen."

⁂

Was zu toll ist, ist zu toll! Drei ostpreußische Landwirte unterhalten sich beim Glase ostpreußischen Maitranks über den furchtbar kalten Winter 18 . ., als der Pregel so zugefroren war, daß man bequem von Wehlau nach Königsberg mit dem Schlitten fahren konnte. Der eine erzählt: „Joa, doa wär ick ook mir dem Schlitte noa Kenigsberg gefoahre. Ick hadd mine beide dreijährige Brune värgespannt. Et wär e bißke neblig un op eenmoahl seh ick vor mie e Wuhn, so mindestens zwei Meter breit. Noa, tom Anhoale wär so to spät. Ick gäw also de Peerd op dem Zoagel, on richtig, ick käm röwer." Darauf sagte der andere: „Joa, ick wet dat ook, ick foahr domals ook na Kenigsberg, un doa käm ick ook an eene Wuhn, oaber dee wär mindestens drei Meter breit. Ick kunnt ook nich hoale un ha mine junge Rappe ordentlich oppem Zoagel, un richtig, ick käm ook röwer!" Der dritte pafft noch ein paar Züge und sagt dann: „Joa, joa, ick wär damals ook noa Kenigsberg gefoahre, veerspennig mit mine junge Schimmels. Plötzlich seh ick ook e Wuhn, oaber de war 20 Meter breit. Ick kun ook nich mehr hoale un gew de Peerd oppem Zoagel . . ." Er tut wieder ein paar Züge aus seiner Zigarre.

„Na, und?“ fragten die andern gespannt. „Ick wär versoape!“

⁂

„Mensch, Dein Hund hat diese Nacht wieder so jämmerlich geheult, daß kein Mensch hat schlafen können.“ — „Aber nein, das bedeutet doch, daß einer stirbt; wer wird denn bloß dran glauben müssen?!“ „Ich will Dir mal was sagen, mein Lieber: Dein Hund, wenn er die nächste Woche noch einmal so heult!“

⁂

Der Bauer kommt zum Nachbarn. Der liegt im Kuhstall hinter einem Gang auf Stroh, schimpft und staunt, weil er nun schon vier Tage und vier Nächte darauf wartet, daß die Kuh kalbt. Da sagt der Besuch: „Na, Mensch, wenn se Dich da hinten liegen sieht, denkt se, se hätt all gekalbt!“

⁂

Im Krug schneiden zwei Bauern mörderisch auf und erzählen von ihrem „Tiefpflügen“. Ein Dritter: „Ach, darum! Gestern sah ich Dich doch übers Feld gehen und mit einem Mal warst Du weg. Da warst Du wohl gerade in die Furche getreten?!“

⁂

Die Zeitung machte zwei Bauern arge Mühe, weil sie die vielen Fremdwörter nicht verstehen konnten.

Einer sagte, er könne nicht begreifen, was z. B. „nominell“ und „effektiv“ heißen soll. Der Schlauere klärt ihn auf: „Joa, seh moal, Noaberke, wenn eck to Di segg, Du bist e Oap, dann is dat ‚nominell‘, dat Du oaber wirklich eener best, dat is ‚effektiv‘!“

❧

„Was ärgert Dich denn so, Nachbar?“ — „Ach, was, ich hatt' einen Prozeß: Gewonnen in der ersten Instanz, gewonnen in der zweiten Instanz, und nu in der dritten Instanz hab' ich ihn verloren!“ — „Aber, Mensch, sei doch nich so gnietsch, hast zweimal gewonnen, dann gönn doch dem anderen auch mal was!“

❧

Im Frühjahr, als das letzte Heu verfüttert ist, fällt beim Bauern die einzige Kuh. Er zu seinem Nachbarn: „Seh bloß, Noaber, ook gerods utgekome!“

❧

In Pillkallen tranken zwei das zehnte Glas Grog und waren infolgedessen beim Philosophieren: „Noaberke, wat kunne wie foare Gild spoare, wenn wie nich supe micht!“ „— An wat kunne wie supe, wenn wie denn dat gespoarte Gild hadde!“

❧

In den zwanziger Jahren fuhren zwei Landwirte zusammen im Zuge und unterhielten sich über den harten und langen Winter. Der Winter nähme überhaupt kein Ende. Darauf der Freund: „Menschke, unterschreib' Du bloß e par Wechselche, da wird Dir die Zeit furchtbar schnell verlaufen!"

⁂

Der Gerbermeister hatte den ganzen Stammtisch, darunter auch den Rechtsanwalt Friedrich mit seinem großen Speilzahn, zum Frühschoppen eingeladen. Man stand auf dem Hofe, auf dem Rinderfelle auf der Leine aufgehängt waren. Als die Herren ins Haus gehen wollten, wies der Anwalt erstaunt auf die Felle und sagte: „Nanu, meine Herren, weshalb haben Sie hier draußen abgelegt?"

⁂

In Elbing saßen zwei beim Frühschoppen und hatten mächtig eins hinter die Binde gegossen. Schließlich versuchte der eine aufzustehen und meinte, jetzt müsse Schluß gemacht werden. Darauf der andere: „Was, zuerst so viel, und nu gar nuscht mehr?!"

⁂

Zwischen dem Anwalt und dem Doktor, der auch zum Stammtisch gehörte, kam es zu einer leichten Entfremdung. Als der Anwalt daher fragte, ob der Doktor wohl den Richard Schulze kenne, antwortete er: „Gewiß kenne ich ihn, der ist ja schon zehn Jahre bei mir in Behandlung." Darauf der Anwalt kopfschüttelnd: „Das hätte ich nicht gedacht, daß der Kerl so eine eiserne Gesundheit hat!"

Auf dem Gut erschien der Amtsrichter und wollte ein Pferd kaufen. Man wurde handelseinig und setzte sich zum Skat hin. Der Amtsrichter hatte Pech und verlor und verlor. Es wurde später Abend, bis der Schlitten vorfuhr. Der Hausherr stopfte liebevoll die Pelzdecke um den Amtsrichter fest. Darauf der Amtsrichter vergnügt lachend: „Mein Lieberchen, jetzt haben Sie mich glücklich dreimal eingewickelt; das erstemal beim Pferdehandel, das zweitemal beim Skatspiel und das drittemal in die Pelzdecke!"

❀

„Gode Morje, Fru Kallweit, ware Se nich önne Körch goahne?" — „Na, watt denn, dat gehört sich doch soa!" — „Wat wolle Se denn möt dem Stick Speck?" — „Hebb eck Speck önne Schnoppdoak? Herrjeeß, denn hebb eck dat Gesangbook önne Arfte geschmäte!"

❀

Streit und Krach! „Was, Sie können sich mit mir doch nicht vergleichen!" — „Na, was Sie sind, das bin ich schon lange! Sie Ochse!"

❀

In der Stadt war der alte Offizier allgemein bekannt, der eben den Bürgermeister auf der Straße traf und ihn bat, ihn nach Hause zu bringen, er fühle sich plötzlich gar nicht wohl. Der Bürgermeister half gerne. Kurz darauf starb der Offizier an einem Herzschlag. Als am nächsen Tage die Putzfrau der Frau Bürgermeister die Wäsche brachte, wurde von diesem Ereignis gesprochen, auch davon, daß der Herr Bürgermeister den Verstorbenen kurz vorher nach Hause gebracht habe. „Ja, ja, ich hab' das gelesen, das steht ja in der Zeitung!" — Die Frau Bürgermeister hatte nichts davon gemerkt, obwohl sie die Zeitung auch gelesen hatte. Aber die Putzfrau liest ihr vor: „Gestern verstarb plötzlich unser verehrter ... Mit ihm ist ein Mann heimgegangen, der sich in den weitesten Kreisen der Bevölkerung großer Beliebtheit erfreute."

Zwei Nachbarn haben sich ganz gewaltig vor. Besonders der eine nimmt kein Blatt vor den Mund und wird grob und gröber. Endlich sagt der andere: „Ein Benehmen haben Sie, ein Benehmen! Schaffen Sie sich man ‚Knigges Umgang mit Menschen' an, damit Sie kennenlernen, wie man sich benimmt!" — „Für Sie ‚Knigges Umgang mit Menschen'? Für Sie muß ich mit ‚Brehms Tierleben' anschaffen!"

Der Nachbar Heinrich unterhält sich mit August über die Wirtschaft. „Weetst, August, Du hest emmer mit de Schoap soe Glick. Ent hefft ook in dissem Joahr wedder drei Lämmer, dat es Di goar nicht to gönne." — „Aber Heinrich, neidisch mußt nich sind. Als diene Kobbel een Fohle met fief Feet jekreeje had, da hebb eck mi richtig gefreut, un Du wellst mi de drei Lämmer nich gönne?"

Ganz unerwartet stoßen die beiden Jugendfreunde auf der Straße zusammen, die sich schon so lange nicht gesehen haben. Das Wiedersehen soll begossen werden, meint der eine, aber der andere: „Ach, loat mi senn, bi eenem Glas bleeft et nich, un wenn ick oavens angesoape noa Hus komm, sie ick am andere Morge wie terschloage.“ Mißtrauisch der Freund: „Bist Du denn verfriet?“

❀

Der Gemeindevorsteher drängt schon seit langer Zeit darauf, daß die Viehzucht durch einen guten Herdbuchbullen gehoben werden müsse. Die Gemeinde müsse einen Zuchtbullen anschaffen. Der alte Bauer Preuß ist dagegen. Alles Zureden hilft nichst. „Oeck bön dagege, oeck bön dagege!“ — „Aber warum denn nur?“ — „Oeck bön dagege, ook ohne Grinde.“

❀

Das Thema war, ob Zugochsen heute noch in die Wirtschaft passen. Einer war dafür, einer dagegen. Der, der dafür war: „Ach was, solange ich lebe, wird es auch Ochsen geben!“

❀

Der Kegelclub in Angerburg schickt seinem Vorsitzenden, der beim Stiftungsfest fehlt, einen Kartengruß. Als Letzter soll auch der Bauer Schneidereit unterschreiben. „Was soll eck no underschriewe, et is jo kein Platz mehr far mi.“ — „Obber jo, hier ant End kenne Se noch väl schriewe!“ — „Do soll eck woll quer schriewe? Nee, Jungkes, dat moak eck nich! Domet loat mie man tofrede. Enmoal hebb eck et gedoahne, on dat bekeem mi ok so, tom zweitemoal nich!“

⁂

Sauerbaum und Pagel stehen am Stallgiebel und stellen tiefsinnige Betrachtungen darüber an, ob auf dem Mond auch Menschen wohnen. Sauerbaum versteigt sich zu der Behauptung, daß auf dem Monde drei Millionen Menschen wohnen. Pagel: „Karl, dat glowst doch selwst nich!?“ — Sauerbaum: „Na wat denn, natierlich glow ick dat: Dat hebbe doch de Gelehrde festgestellt!“ Darauf nimmt Pagel alle seine Geistesschärfe zusammen: „Karl, Du bist e Oap! Wie solle da open Mond Mensche wohne!? Wenn doa dree Miljone Mensche wäre, dat mecht ja bi Halbmond e scheenet Jedränge afjäwe!“

⁂

Nach den vier Kindern, die schon fast erwachsen waren, kamen bei der Besitzerin noch zwei „Nachschrabsel“ an. Als sie mit den beiden Kleinen über die Felder geht, trifft sie einen alten Bekannten, den sie aber schon viele Jahre lang nicht gesehen hat. Er begrüßt sie sehr freundlich, sieht erstaunt auf die beiden Kleinen und fragt dann: „Gnädige Frau, ist das der Grummet?“

⁂

Immerfort war der alte Besitzer unterwegs, weil seine vielen Nebenämter ihm nur selten erlaubten, zu

Hause zu sein. Hinter seinem Wagen sagte ein Landarbeiter: „Mit dem ohle Herr war datt ock moal schlemm ware, de ward nich starwe kenne; de Doat ward em vergewens tohus seeke."

⁂

Ein einziges Ferkel brachte die Sau zur Welt. Der Nachbar tröstete: „Sei doch man zufrieden, daß se nich ganz umsonst geferkelt hat."

⁂

Im tiefen Schnee gingen die beiden Waldarbeiter vom Holzfällen nach Hause, einer hinter dem andern. Am Kreuzweg blieb der erste stehen und nahm eine Prise Schnupftabak. Darauf der zweite: „Du, giff mi ook." In dem Augenblick stieß der Wind in die offene Tabakdose und fegte den Tabak in einem Streifen den Schnee entlang. — „Da kannst nu mit Dien Näs opp Weid goahne!"

⁂

Auf dem Hofe war ein alter Schweinefütterer, der sich manches herausnehmen konnte und nie um ein Wort verlegen war. Als ich noch klein war, fragte ich ihn auch einmal, ob er die zehn Gebote hersagen könne und ob er das zweite Gebot noch wisse. Er antwortete: „Dat kann ick noch. — Du sullst nich fluche un nicht kloogschiete!"

⁂

Der Bauer Ulrich hatte beim Vieh einen polnischen Arbeiter, der sich sehr bemühte, die deutsche Sprache zu erlernen. Der Bauer steht vor dem Stall und sieht mit behaglichem Stolz die wohlgenährten Tiere von der Weide kommen. Eine Kuh bleibt vor der Stalltür stehen, weil der Bauer an der Tür steht. Der Pole: „Err, goa wech“, und zu der Kuh: „Kuh, goane Se renn!“

⁂

Der Gutsherr mußte für einen neuen Bullen sorgen. Er sah auf der Herdbuchauktion zusammen mit seinem Inspektor sich die Tiere sehr genau an; man einigte sich auf einen Bullen. Der Oberinspektor erhielt den Auftrag, ihn zu ersteigern. Der Gutsbesitzer begrüßte inzwischen eine Menge von alten Bekannten, setzte sich in die Weinterrasse und kam eben wieder zur Auktion zurück, als der fragliche Bulle ausgeboten wurde. In dem Trubel und nach der guten Mahlzeit hatte er ganz und gar vergessen, daß der Oberinspektor einen Auftrag hatte. Infolgedessen bot er selbst fleißig mit, voller Wut auf einen Bieter, der ihm immer wieder den Bullen streitig machte. Zornig drängte er sich schließlich in dessen Nähe und sah: „Mein Gott, das ist ja mein Oberinspektor!“ Darauf der Auktionator, der sein Lachen kaum unterdrücken konnte: „Aber Sie werden sich doch von Ihrem Oberinspektor nicht solch schönen Bullen wegsteigern lassen!“

⁂

Der Landrat hatte einen eleganten leichten Selbstkutschierer und machte mit dem gerne Fahrten in seinem Bezirk. Meistens saß er selbst mit einer Sportmünze vorn, sein Kutscher mit dem hohen Hut auf dem Hintersitz. Am Markttag war die Chaussee voll von Fuhrwerken. Eines davon, ein leerer Vierspänner, machte offensichtlich aus Opposition den Weg nicht frei, trotzdem der Landrat immer wieder durch Rufen sich Platz verschaffen wollte. Schließlich wurde der Landrat dringend — sogar sehr dringend. Der junge Gespannführer lenkte schließlich zur Seite, hob aber die Peitsche, drohte und rief dem Landrat zu: „Du Beest, wat trittst Di so de Frät, de Herr im Zachlinder doa hinde seggt goar nuscht!“

Der Opa hatte eine Kuh zum Bullen bringen müssen. Wenn die Kuh auch manchmal nicht so wollte wie er, so ging's doch ganz gut, und er konnte sein Pfeifchen dabei schmauchen. Besonders gut ging's auf dem Rückweg. — „Opa, wo hast Du die Kuh?“ wird er auf dem Hof empfangen. Der alte Mann sieht sich um und bemerkt erst jetzt, daß er nur den Strick in der Hand hat, der hinter ihm herschleift. Enttäuscht murmelt er: „Ach, die Krät hefft sök afgeschluppt, dromm ging se ok so nett.“

Ein alter Arbeiter klagt darüber, daß er den Rißmichtismich in Armen und Beinen habe und sich sehr damit quälen müsse. „Petroleum soll dagegen auch gut sein.“ Dagegen wehrt sich der alte Arbeiter: „Nee, Herrke, dat hebb ick schon moal probeert, oaber mi stött dat Tüg immer so upp!“

Der alte Viehfütterer konnte sich durchaus nicht an das elektrische Licht gewöhnen. Er hatte ja schließlich sein ganzes Leben lang bei dem schwachen Licht der Petroleumlampe im Stall gearbeitet. In der Freude über das schöne elektrische Licht meinte der Bauer: „Na, Alter, nun ist es doch schön im Stall! Morgens und abends ist es jetzt beim Füttern immer so schön hell, und dann braucht man doch jetzt keine Angst mehr vor Feuer zu haben." Der alte Viehfütterer war aber ganz anderer Meinung. Das elektrische Licht wäre ja viel teurer als die alte Laterne: „Ick bruk alle Morje e halb Schachtel Strikhölzers, bis ick dat schwarte Gnubbelke (Schalter) gefunde hebb."

Im südlichen Ostpreußen war um die Jahrhundertwende der Gutsbesitzer Schneidereit sehr bekannt als ein gutmütiger Mann mit viel Mutterwitz. Auf dem Kriegsfuß befand er sich aber mit der Rechtschreibung. Mit einem neuen Inspektor hatte er einmal Pech. Der war freundlich und anstellig, war auch überall beliebt, aber ein unzuverlässiger Windhund. Nach einem Jahr trennte sich der alte Schneidereit von ihm und war nun verpflichtet, ihm ein Zeugnis auszustellen. Der Inspektor bat, im Interesse seines weiteren Fortkommens, doch zu bescheinigen, daß er ein ehrlicher und zuverlässiger Mensch wäre. Das machte dem alten Schneidereit Sorgen, denn weder die Ehrlichkeit noch die Zuverlässigkeit waren gerade das, was er mit gutem Gewissen bestätigen konnte. Wenn nur Schneidereit nicht ein so gutes Herz gehabt hätte! Er zog sich schließlich mit folgendem Zeugnis aus der Affaire: „Er war so liederlich wie kein Zweiter."

Es ist naß und kalt und die Arbeit an der Drainage ist recht dreckig und unbequem. Zu dem Gutsverwalter, der eine Weile zusah, meinte der Arbeiter, bei dem Wetter wäre doch wohl auch ein Schnaps fällig. „Wozu brauchen Sie Schnaps?“ — „Na, Herr Spekter, hadde Se all so lang em kole Woater gestande wie ick, denn schmete de Jungens all mit enne Knoakes noa Kruschke!“

⁂

Ein Landwirt war wegen seiner Grobheit bekannt. Er hatte einen Inspektor eingestellt, der sich durch verbindliche Umgangsformen auszeichnete. Das kann unser Freund nicht ausstehen, und eines Tages erhielt der Inspektor ohne Angabe von Gründen die Kündigung. Der Inspektor verlangte von seinem Gutsherrn Aufklärung. „Ja, sehen Sie, Mann, ich kann Ihre ewige Liebenswürdigkeit einfach nicht ertagen! Ich bin grob, und wer mit mir zu tun hat, soll lieber grob als höflich sein! Da ist es besser, wir trennen uns beizeiten.“ Alle Versuche des Inspektors, seinem Gutsherrn von dem Wert verbindlicher Umgangsformen zu überzeugen, schlug er in den Wind. Schließlich packte auch den Inspektor der Groll; erbost schritt er zur Tür und richtete an seinen Gutsherrn das bekannte Angebot, das tagtäglich in Deutschland sooft gestellt, aber unseres Wissens noch niemals angenommen ist. „Nee, mein Lieber“, rief ihm der Landwirt nach, „jetzt ist es zu spät, jetzt können Sie sich bei mir nicht mehr einschmeicheln!“

⁂

Die Rangordnung auf dem Hofe ist streng. Beim Tanz im Krug forderte Johann die Auguste auf. „Na,

Auguste, komm danze!“ Auguste rümpft die Nase: „Peh, mit Die?“ — „Ach, Auguste, Du denkst vielleicht, ick sie noch immmer bie de Schwien, ick sie all längst bie de Fohle!!“

❊

Auch am Kurischen Haff kamen vor den Wahlen die Abgeordneten zu ihren Wählern und hatten plötzlich viele Freunde im Volk. In Nidden erschien einer von ihnen und begrüßte die Versammlung: „Ich freue mich, so viele gute Bekannte begrüßen zu dürfen; doch einen vermisse ich hier! Wo ist denn mien lieber, alter Freund Besmehn?“ —

Eine Stimme aus dem Hintergrund: „Dä huckt all wedder.“

❊

Das Ehepaar war sehr ungleich, er ½ m groß und nur etwas über einen Zentner schwer, die Frau von doppeltem Gewicht. Täglich bezog er Prügel und durfte zu Hause nicht mucksen. Einmal erschien er bei strahlendem Sonnenschein und trockenem Wetter mit langen Stiefeln zur Arbeit. Weshalb er denn bei dem schönen Wetter seine Stiefel nicht schone? „Joa, Herr Spekter, dat sütt so mannboarer ut!“

❊

Der neue Fleischerlehrling sollte, als der schielende Meister den Ochsen schlachten wollte, den Strick durch den Ring am Boden ziehen und den Kopf des Ochsen herunterholen. Voll großer Sorge sah der Lehrling seinen Meister an: „Meister, schloage Se doa hen, wo Se hinkicke?“ — „Na, watt denn?“ — „Denn loat ick los!“

Ein in der Provinz weit bekannter Landwirt steht auf dem Bahnhof und wartet auf den Zug. Da erscheint ein pikfeiner Landwirtschaftslehrling aus der Nachbarschaft und muß eingehend über den Stand der Felder usw. berichten. Zum Schluß stellt der Lehrling die Gegenfrage, wie es denn dem Herrn und seiner Wirtschaft selber ginge, und er erhält die Antwort: „Ach, danke, soweit ganz gut, bloß ich habe den Drahtwurm!“ Verbeugung — Hackenklappen — tiefernstes Gesicht: „Dann erlaube ich mir, gute Besserung zu wünschen, Herr Baron!“

An der grünen Brücke in Königsberg stehen zwei Sackheimer und sehen zu, wie ein großer Dampfer anlegt. Der eine kramt aus seiner Tasche einen Groschen heraus, der fällt auf die Brücke und von da ins Wasser. „Versupe wollt ick di joa, aber up de Oart nich!“

In Masuren verdient sich einer mit seinem einspännigen Wagen durch Steinefahren das Brot. Dabei geht ein Rad herunter. Er versucht umsonst, die Achse anzuheben und das Rad wieder aufzusetzen. Nach verschiedenen Versuchen stemmt er sich noch einmal gegen den Hebebaum und ruft: „Help de läwe Gott un alle sine Engelkes!“ Es gelingt und sogar so gut, daß der Wagen ganz schief nach der anderen Seite übersteht. Da meint unser Masur: „Na, na, man nich alle von ene Sied!“

Der Bauer geht über eine Wiese und muß über einen breiten Graben springen. Er nimmt einen ordentlichen Anlauf und murmelt dabei: „Help de leewe Gottke!“ Er springt glatt über den Graben, sieht noch einmal zurück und sagt: „Schiet, hadst ook nich helpe bruukt!“ Im selben Moment gleitet er mit dem Fuß vom Grabenrand und rutscht in den tiefen Graben. Zum Himmel empor: „Versteihst ook goar keen Spoaß!“

✿

Auf dem Bahnhof treffen sich beim Rübenabladen zwei Landarbeiter von zwei benachbarten Gütern. Natürlich wird eingehend über die Ernte und über das Dreschen in den beiden Betrieben geredet. Der eine auf die Frage, ob noch viel Getreide im Speicher ist: „Wie bruke bis Wiennachte nich to dresche!“ Darauf der andere: „Wie dat bloß in de Welt togeiht, bi uns renne sich de Mies nu al Blutbloase op dem Spieker op!“

✿

Er war ein ausgesprochener Schweiger und überhaupt in mancher Hinsicht absonderlich, der alte Bauer Krause, und er wußte das auch. Als er einmal einen neuen Knecht gedungen hatte und über alles andere mit ihm einig geworden war, sagte er: „Na, Fried, eens wöll ick Di segge, väl räde ös bi mi nich. Wenn ick so moak“, er winkte mit der Hand, „denn kömmst to mi!“ Die Antwort war etwas unerwartet. „Denn passe wi goat tosamme, Herrke, wenn ick so moak“, er schüttelte den Kopf, „denn koam ick nicht!“

Es war ein neuer Bulle angekauft worden mit einem Namen, der ganz und gar nicht den Beifall des Melkers fand. „Nu sind se all ganz verrückt, nu nenne se enem Bull al ‚Tante' un denn schreiben se ihm auch noch mitem ‚D'." Als ihm wieder solche ganz und gar verrückten Namen vorkam — es war beim Ankauf von ein Paar Sterken, die die Namen ‚Euterpe' und ‚Melpomene' führten —, half er sich auf seine Weise. Auf die schwarzen Tafeln im Kuhstall schrieb er: ‚Melk-pomehne' und ‚Euter-peh'.

*

Der Wind trieb beim Dreschen die Funken in ein Fuder Stroh. Es brannte auf. Als man die Feuerspritze aus dem Schuppen heranholte, fehlte beim Wasserschlauch das Messingmundstück. Alles schimpfte, suchte und fragte herum. Plötzlich kommt in Windeseile aus seiner Wohnung ein Kämmerer angelaufen und bringt das Messingmundstück. Wie ihn der Inspektor in der Erregung grob anfährt: „Entschuldige Se man schon, Herr Spekta, wi hebbe jeschlacht un hadde dem Dings man e bätke tom Worschtstoppe jenoame!"

*

Aus dem Nachbardorf stand eine Kuh zum Verkauf, die ganz erste Klasse sein sollte. Der Inspektor nahm einen Melker mit, der als besonders sachkundig bekannt war. Beide waren aber ganz und gar nicht mit der gepriesenen Kuh einverstanden. Sie wog zwei Zentner weniger als sie wiegen sollte, sie hatte Farbfehler und schlechte Milchzeichen. Der Inspektor: „Wissen Se, das is doch e Risiko!" Darauf der Melker: „E Riesekoh? Herr Spekta, e richtige Gnos!"

Meier fährt seinen Wagen wieder einmal ohne Laterne. Der Gendarm hält ihn an und stellt ihn als rückfälligen Sünder zur Rede. Meier: „Dat lohnt nich, Herr Wachtmeista, de Brune ös blind!“

❃

Wenn es auf dem Lande brennt, müssen bekanntlich alle vorhandenen Feuerwehrgeräte der Umgegend helfen. Das werden dann manchmal so viele Fahrzeuge und Spritzen, daß sie sich gegenseitig mehr hindern als helfen. Am Beginn der Nacht wurde plötzlich ein Feuerschein bemerkt, der anscheinend vom Kirchhof in Laukeningken kam. Man mußte also zu Hilfe kommen. Es wurde alarmiert; der Spritzenmeister holte die Spritze raus; der Kämmerer befahl die Gespanne, auch für den Wasserwagen und den Mannschaftswagen. Der Inspektor bestieg sein Roß, um in wenig guter Laune in Stockfinsternis und bei nassen Wegen die Spritze zu übernehmen. Nach einiger Zeit konnte angepeilt werden, daß das Feuer nicht auf dem Kirchhof in Laukeningken, sondern auf einem weiter abgelegenen Gut aufgekommen war. Nach den Umständen war er sehr damit zufrieden, daß dieses Gut nicht mehr in dem Bereich lag, der noch zu Hilfe verpflichtete. Er machte kehrt, ritt seinem Spritzenzug entgegen, kommandierte ‚Halt'! und ‚Kehrt'! mit der Begründung: „Es brennt auf dem Gut, da brauchen wir nicht hin!“ Noch größer als seine eigene Befriedigung war jedoch die des Spritzenfahrers: „Na, das is man gutt, Herr Inspektor, ich hab' nämlich den Schlauch vergessen!“

Pünktlich war der Nachtwächter Böhme. Er war in jeder Stunde in den Ställen und pfiff regelmäßig zu seiner Zeit. Aber er sollte um zehn Uhr abends einmal pfeifen, um elf Uhr zweimal und um zwölf dreimal. Um ein Uhr sollte dann die Reihe mit einmal wieder beginnen. Als der Inspektor um zwölf Uhr nach Hause kommt, pfeift Böhme pünktlich, aber er pfeift nur einmal. „Mensch, Böhme, Sie sollen um zwölf Uhr doch dreimal pfeifen!" — „Tja, Herr Inspektor, wenn ich piep, kann ich nich telle!"

Die eine Kuh war beim Melken ganz besonders störrisch. Der Bauer wollte sie deshalb gerne loswerden. Er schickte den Melker mir ihr auf den Markt, wies ihn aber an, jeden Käufer ausdrücklich auf die schlechten Eigenschaften der Kuh aufmerksam zu machen. Als der Melker nach Hause kam, brachte er viel mehr Geld mit, als der Bauer erwartet hatte. Was er denn dem Käufer gesagt habe, fragte der Bauer. „Ich sagte ihm, bei der Kuh wird man mit dem Melken nicht fertig!"

Bei einem Besuch des Bürgermeisters wird dem Landrat berichtet, daß der Gemeindediener seinen siebzigsten Geburtstag gefeiert habe. Er sei schon dreimal Witwer geworden, sei aber trotzdem im Begriff, eben wieder zu heiraten. Daraufhin spricht der Landrat recht herzliche Glückwünsche aus, und der unentwegte Bräutigam will sich dafür recht bedanken. Dabei fällt ihm ein, daß der Landrat selbst ebenfalls seit einiger Zeit verlobt ist. Er klopft ihm auf die

Schulter: „Nöch wahr, Herr Landrat, wi Beamtersch goahne wech wie de warme Semmel!"

⁂

Auch auf dem Bau muß Ordnung herrschen. Ein Maurer ist hungrig geworden und murrt laut: „Fröhstück!" Darauf der Polier empört: „Wer seggt hier Fröhstück? De Polier seggt Fröhstück! — Fröhstück!"

⁂

Herr Ratke war ein guter Schwiegersohn, aber er war nicht zu leiden, wenn er schwer geladen hatte. Er hatte es dann mit dem Eßgeschirr. Je nachdem schmiß er einmal den Teller gegen die Tür, ein andermal die Suppenschüssel auf die Erde. Auch als er eine sehr nette, aber etwas zarte Frau geheiratet hatte, änderte sich kaum etwas daran. Nach der Heimkehr von einem Dämmerschoppen in der Stadt landeten Teller und Tassen vom Abendbrottisch auf dem Fußboden. Drei Tage lang weinte die junge Frau. Nach kaum acht Tagen gab es trotzdem neue Scherben. Ohne Wissen ihres Mannes ließ sich die junge Frau von ihrer Mutter beraten. Als Herr Ratke das nächste Mal vom Dämmerschoppen aus der Stadt nach Hause kam, stand ein gutes Abendbrot auf dem Tisch, dafür war aber seine Frau nicht zu sehen. Anlaß genug für Ratke, um seine Frau dadurch zu rufen, daß er einen Teller gegen die Wand fliegen ließ. Das hatte aber ein unerwartetes Echo, denn im Nebenzimmer flog ebenfalls ein Teller an die Wand und nach ihm noch einiges mehr. Da wurde selbst Ratke besorgt, riß die Tür auf und traute seinen Augen nicht. Da stand seine zarte Frau und vergalt ihm Gleiches mit Gleichem. „Wenn Du unsere Teller zerschlagen kannst, kann ich das auch!“ Und es krachte und klirrte weiter so lange, bis Ratke sich aufs Bitten verlegte, schließlich sehr sanft wurde und hoch und heilig versprach, niemals mehr einen Teller an die Wand zu werfen. Er hat sein Versprechen auch gehalten. Bei der ganzen Aktion hat er aber nicht bemerkt, daß der ganze Vorrat seiner Frau an Wurfgeschossen nicht aus Geschirr, sondern aus Scherben bestand.

*

Eben hatte der Pfarrer eine schon etwas ältliche Witwe mit einem vierundzwanzigjährigen Mann getraut. Er wollte, wie er es sonst auch immer tat, ein paar freundliche Worte für das junge Ehepaar finden und hoffte, die Ehe werde eine recht gute sein, trotz des großen Unterschiedes im Alter. Die Frau war zuversichtlich: „Wat ward nich goahne, Herr Kunsterialrat, wenn hei man horche ward!!“

*

Der Mann sollte in der jungen Ehe durch einen selbstgebackenen Geburtstagskuchen überrascht werden. Der Erfolg war, daß er seine junge Frau in Tränen vorfand, als er nach Hause kam. „Aber Kind, was ist denn los? ...“ „Ach, die Katz ...“ „Nanu, was denn? Erzähl' doch!“ — „Ich hatt dir einen Kuchen gebacken, und nun hat ihn die Katz aufgefressen!“ —„Wenn weiter nichts ist, Kind“, tröstete der Mann: „Ich kauf Dir 'ne neue Katz!“

Schiepchen nennt der junge Ehemann seine Frau in übergroßer Zärtlichkeit. — „Schiepchen, Schiepchen, wo steckst Du denn?“ ruft er in den Garten hinaus. —Die neue Küchenfee stürzt dienstbeflissen in den Garten. — „Putt, Putt, Putt, Putt.“ — „Aber, Anna, ich ruf doch meine Frau.“ — Grollend trottet Anna ab: „Nu soll ich wissen, daß die Frau so heißt wie ein Küken!“

Der Kleinste liegt krank zu Hause. Die alte Minna geht auf den Markt zum Einkauf und kommt hochbefriedigt zurück. „Alle erkundigen sich so nach unserem Jungchen. Ich sag' ja, an das Jungchen ist die ganze Stadt beteiligt!“

Der alte Siemoneit kommt trotz seiner 75 Jahre zum Herrn Pfarrer und bestellt eine Trauung. Auf das Erschrecken des Pfarrers sagt er: „Joa, Herr Pfarrer, ick hebb mie dat ook all gedocht, oawer wer kocht Fräte, wer flöckt Böxe, mit wem schabberst?“

Der Bürgermeister einer kleinen Stadt hatte eine reiche, aber leider recht ungebildete Frau geheiratet, die ihn tüchtig unter dem Pantoffel hatte. Sie war natürlich der Ansicht, daß das auch mehr als nötig war, denn er liebte eine fröhliche Gesellschaft und guten Trunk über alles und vernachlässigte oft sein Amt. Beide waren einmal zu einem Geburtstag eingeladen. Der Bürgermeister trank ein Glas nach dem anderen, ohne sich um die zuerst mahnenden und dann drohenden Blicke seiner Gattin zu kümmern. Sie war empört, denn am nächsten Tage wurde der Regierungspräsident erwartet und da konnte ihr Mann doch nicht mit schwerem Kopf herumlaufen. Als sie mit ihren Blicken ihn nicht zu lenken vermochte, rief sie schließlich ihrem Mann zu: „Julius, veraas Dir nicht zu morgen!"

*

Der Landjäger und eifrige Waidmann Schukat wohnt im Hause des Malermeisters und wird mit dessen Tochter geneckt. Man spricht von einer wohl baldigen Verlobung. Schukat lacht laut: „Nei, nei, Fräuleinchen, wo der Marder sein Nest hat, da würgt er nich!"

*

Lehmann suchte den Nachbarn auf und gab sein Pferd im Stall zum Füttern und Pflegen ab. Dabei vernimmt er im Hühnerstall einen tollen Lärm. „Was ist denn los?" fragt er den Kutscher. „Da wart woll e Ilske drin sind — oder de gnädge Fru singt!"

*

Derselbe Lehmann trifft einen alten Schulfreund nach langer Zeit, setzt sich mit ihm zu einem Schoppen Grog und spricht über die Welt und über das Leben und über seine Ehe. Er meint, er sei nicht sehr glücklich geworden. „Sag, mal, wann hast Du Deine Frau eigentlich kennengelernt?" — „Nach den Flitterwochen!"

*

Der Instmann war brav und zuverlässig und hatte die Gewohnheit, in oft sehr treffenden Vergleichen zu reden. Schon zwei Jahre war er Witwer. Der Bauer fragte ihn gelegentlich, ob er denn nicht wieder heiraten wolle. „Nee, Herrke, dat lohnt nich, wenn so e ohler Kärl wie ick wedder friee deiht, denn is dat jroad so, als wenn eener mitem lange Woage durchet Derp foahre deiht, denn hänge seck alle Junges ran!"

*

Die eine Freundin besucht die andere, findet sie in Tränen aufgelöst vor, trotzdem sie jung verheiratet ist. Ihr Mann habe sich als ein Geizkragen erwiesen. Er gäbe ihr zu wenig Wirtschaftsgeld. Es sei unmöglich, mit so wenig Geld auszukommen. Die größte Dummheit, die ein Mädchen machen könne, sei, einen Mann zu heiraten. „Aber, Ellachen, Du bist es doch gerade immer gewesen, die erklärte, es gäbe kein größeres Glück, als einen eigenen Herd zu besitzen." — „Ach, es braucht aber doch nicht so ein Sparherd zu sein!"

*

Dem alten Bauer war die Frau gestorben. Bald wurde er gefragt, ob er denn nicht wieder heiraten wolle. „Nee, nee, mit den Weibern ist nichts los: wenn sie gesund sind, schimpfen se, und wenn sie krank sind, gnarren se!"

*

Zur Pfarrersfrau kommt die alte Frau Balzer, die spät noch einmal geheiratet hat, und bittet um einen Rat. „Aber sehr gern, liebe Frau Balzer; aber Sie heißen ja jetzt anders." — „Nee, nee, Fru Pfarrer, ick sie noch immer de Balzersche, de Mann is man bloß wegen dem Torf un de Miet!"

Der Bauer findet seinen Schäfer mit kreuz und quer zerkratztem Gesicht. „Mensch, was ist Dir passiert? Was hast Du denn angestellt?“ — „Ih, Herrke, datt is ja nuscht, ick hebb mi man e bißche mit de Frau geplickt!“

*

Als im ersten Jahr Drillinge und im zweiten Jahr Zwillinge kamen, soll der Ehemann gesagt haben: „Gott sei Dank, es läßt schon nach!“

*

Der Junge: „Warum heißt's eigentlich Muttersprache, warum nicht Vatersprache?“ Der Vater: „Weil der Vater eben nichts zu sagen hat!“

*

Der Fischer Schöttke lag in ewigem Streit mit seiner Frau, weil er Steine aus der Erde soff. Seine Frau wacht eines Nachts auf und sieht, wie ihr Mann gerade wieder an den Schrank geht und einen gewaltigen Schluck aus der Schnapsflasche nimmt. „Oaber Schettke, schämst di nich?“ — „Oa, Mutter, sie doch stöll! Mie heft gedrömt, öck hadd soa sehr fett Schwienflösch gefräte!“

*

Wieder einmal kam Machulke spät am Abend mit schwerer Schlagseite nach Hause. Seine Frau war gar nicht einverstanden damit. „Die Uhr hat schon wieder eins geschlagen!“ — „ — Hupp, — na, weniger kann se doch nich schlagen!“ — „Schämst Dich gar nich, schon wieder so betrunken nach Haus zu kommen?" — „Schämst Du Dich nich, Dich nachts mit einem Betrunkenen herumzuzanken?"

⁂

Die Kindergärtnerin geht mit ihren beiden schutzbefohlenen Mädchen spazieren und kommt an einem Weidegarten entlang. Sie will die Gelegenheit benutzen und von der Kuh und dem Kälbchen erzählen, auch von dem bösen Bullen. Der sähe so böse aus, weil er glaube, man wolle seinem Kinde, dem Kälbchen, ein Leid antun. Ein großer Ochse tut sich auch zu der Gesellschaft und sieht die Menschen mit großen Augen an. „Und wer ist denn das?" — „Das, das, das ist der unverheiratete Onkel!"

⁂

Man war beim Abendessen. Es gab Klopse. Kurschat konnte Klopse nicht leiden, besonders nicht die, die es heute abend gab, denn sie hatten seiner Meinung bereits einen deutlichen Stich. Er hütete sich daher, mehr als einen zu nehmen und mußte sich auch mit dem noch quälen. Während er sich mit seinem Nachbarn unterhielt, sorgte die Hausfrau „für die richtige Nötigung" und legte ihm noch zwei Klopse auf den leeren Teller. Einen kriegte Kurschaft noch mit großer Mühe herunter, beim zweiten mußte er kapitulieren. Liegen lassen konnte er ihn nicht, also ließ er ihn in die Hosentasche verschwinden. Nach dem Essen stand man herum, trank Kaffee und redete. Kurschat fühlte sich allmählich wohler und glaubte alle Not überstanden zu haben. Plötzlich kam ihm ein Niesreiz, der ihn zwang, in fliegender Eile das Taschentuch aus der Tasche zu reißen. Dabei flog etwas mit heraus. „Eine Maus, eine

Maus", riefen entsetzt ein paar Damen. Als man aber näher hinsah, war es ein Klops. Kurschat blieb nichts anderes übrig als: „Gnädige Frau, das kommt vom Nötigen. Jetzt kommt der Klops schon aus der Nase heraus."

❁

Die Reinmachefrau wohnt am Pregel in Königsberg, der im Sommer aus mancherlei Gründen in keinem guten Geruch steht. „In der Nacht", sagt sie, „haben wir stets die Fenster auf und das stinkt so, als wenn sie immer zu gewesen wären!"

❁

Friedrich hat es zu neun Kindern gebracht und tauft seinen jüngsten Sohn auf den Namen ‚Hubertus'. „Wie mag er gerade auf diesen Namen verfallen sein?" fragt einer. Ein anderer weiß Bescheid: „Vielleicht, weil Gutzeit jetzt Halali gemacht hat!"

❁

Es ist schon lange her, da führte dem Bürgermeister Alexander eine Schwester den Haushalt, da er keine Frau hatte. Beide galten als Originale, sprachen ein unverfälschtes, im Lande gewachsenes Ostpreußisch und waren im weiten Umkreis bekannt. Als einmal Besuch da war, spielte man das Gänsespiel, bei dem bekanntlich eine ungerade Zahl mitmachen muß. Als sich herausstellte, daß die Damen in gerader Zahl vorhanden waren, riß die Schwester die Tür zum Spielzimmer auf und sprengte den Skat mit der Forderung. „Olixander, komm schnell, de Mächens brauchen Dir als Ganter!"

Auf dem Gut ist Hochzeit. Der Bräutigam war im Konflikt mit den Angelegenheiten des täglichen Lebens, hatte sein Beinkleid eben erst zum Schneider zum Aufbügeln geschickt. Als nur noch eine Stunde Zeit war bis zur Abfahrt zur Kirche, war große Aufregung, weil die Hose fehlte. Der Schneider meldete telefonisch, er habe sie dem Milchkutscher pünktlich am Morgen mitgegeben. Keiner im Hause aber konnte aufgetrieben werden, dem die Hose ausgehändigt worden war. Endlich kam ein Mädchen aus der Küche darauf, daß eine Reihe von Paketen vom Fleischer im Kühlschrank abgelegt worden waren. Und richtig, die Hochzeitshose lag seit acht Stunden im Kühlschrank auf Eis.

Auch nach dem ersten Weltkrieg hat es sehr lange gedauert, bis die Kalorien abgeschafft wurden und die Genußmittel wieder zu erträglichen Preisen zur Verfügung standen, insbesondere der Kaffee. Es gab daher bei Herrn Walter Pettkuser Roggenkaffee. Nur kaum zu glauben, der Hausherr kriegte ein besonders kleines Kännchen, das wunderbar nach Kaffee duftete. Merkwürdige Blicke der Gäste wurden dem Hausherrn allmählich doch etwas peinlich. „Entschuldigen Sie schon, aber ich kann das Zeug, das Sie da trinken, nicht vertragen."

Wegen einer Meliorationsplanung war der Kreisbaumeister da. Kudnigs luden ihn zu Mittag ein. Nur auf seinem Platz lag eine Serviette, und noch dazu auf der falschen Seite vom Teller. „Ach, die Serviette ist wohl für Ihren Mann?" — „Nee, nee, Herr Baumeister, dat is enne ehre, mien Mann beschlabbert sich nich!"

⁂

Nachbars Annchen konnte sich mit dem geplanten Bräutigam nicht einigen. Ihr Vater wollte den braunen Wallach nicht mitgeben, den der künftige Ehemann durchaus zur Brautgabe mithaben wollte. Darum heiratete sie einen anderen Mann, und er heiratete eine andere Frau. Viele Jahre waren vergangen, da trafen sich die beiden bei einem Saft in der Stadt. Mit einiger Verlegenheit begrüßte er Annchen. „Na, Annchen, kennst mich auch noch?" — „Aber, wars werd' ich nich kennen, Du bist doch der, der unsern Wallach heiraten wollt!"

⁂

Herr Lehmann war nie zufrieden. Über die Einladung am Abend vorher drückte er sich so aus: „Es war ja ganz nett, aber wissen Sie, wenn die Suppe so warm gewesen wäre wie nachher der Rotwein, und der Rotwein so alt wie die Gans, und die Gans so fett wie die Hausfrau — ganz großartig wäre das gewesen!"

⁂

Der Pächter kommt zum Gutshaus, während gerade Mittag gegessen wird. Man nötigt ihn ins Speisezimmer und während die andern essen, geht die Unterhaltung mit dem Pächter u. a. auch über seine schöne Sau, die zwölf Zitzen, aber dreizehn Ferkel gehabt hat. „Ach, was machte denn das dreizehnte Ferkel?" Darauf der Pächter: „Das machte es genau so wie ich, das sieht hungrig zu und wartet."

⁂

Der Bauer hatte es mit den altdeutschen Namen, Friedwald, Oswald und Ewald hießen die Jungens. Es waren wirkliche Jungens, und sie machten der Tante Amalie, die die Hausfrau zu vertreten hatte, reichlich Sorgen, besonders wenn sie am Abend nicht ins Bett zu kriegen waren. Darum seufzte sie einmal aus tiefstem Herzen heraus, als die abendliche Aufgabe wieder einmal überstanden war: „Gott sei Dank, nun ruhen alle — Wälder!"

⁂

Trotz Schneetreibens und Dunkelheit war Onkel Gustav vom Haus seines Freundes abgefahren. Er verirrte sich auf den verschneiten Wegen und landete nach geraumer Zeit nicht zu Hause, sondern wieder auf dem Hof, von dem er abgefahren war. Mit einigem Lärm weckte er den Hausherrn und ließ sich in ein Zimmer bringen, das unmittelbar am Hausflur liegt. Im Hausflur liegt auch der alte Thyras am Ofen. Das Bett, das er sonst gern vorzieht, ist heute durch Onkel Gustav besetzt. Als er aber am Morgen geweckt wird, geschieht das mit dem Teppichklopfer mit sehr spürbaren Hieben und mit dem Morgengruß: „Du verfluchtes Luder, bist schon wieder in das Bett gekrochen!?" Thyras aber verschwand schweigend mit eingekniffenem Schwanz.

Fräulein Luschnat ließ von ihrem verflossenen Freund, der die Alimente für das Jungchen zu zahlen hatte, an jedem Monatsanfang ihren Jungen das Geld abholen. Das geschah auch gerade an dem Tage vor dem 16. Geburtstage des Herangewachsenen. Er wurde dabei mit den nicht freundlichen, aber erleichterten Worten verabschiedet: „So, mein Sohn, heute zahle ich zum letztenmal. Grüß schön deine Mutter und sag ihr, von morgen ab bin ich Dein Vater nicht mehr!" Nach 1½ Stunden war der Junge wieder da: „Mutter läßt auch schön grüßen und sagen, Sie sind noch nie mein Vater gewesen!"

❃

Karl kommt ins Zimmer gestürzt mit dem Ruf: „Kommt raus, es ist Mondfinsternis!" Als alles zur Tür herausläuft, ruft die alte Großmutter, die sich noch an die Sonnenfinsternis von 1912 gut erinnert, besorgt hinterher: „Kinder, Kinder, erst die Brillengläser schwärzen!"

❃

Ein Herr Harder wurde nach seiner letztwilligen Verfügung im eigenen Park beerdigt. Dabei mußte manches improvisiert werden und es fehlten die Tragbänder, als der Sarg heruntergelassen werden sollte. Eine Magd lief die Tasche holen, die im Hause mit den Gurten schon bereitstand. Mit der Tasche blieb sie mit gefalteten Händen vor dem Grabe stehen. Auf der alten Tasche leuchtete in schöner Perlenstickerei der letzte Wunsch „Glückliche Reise".

Vater bringt den neuesten Witz aus Königsberg nach Hause: „Zwei Freunde treffen sich, der eine sagt: ‚Aber Mensch, bist du auch besoape!' Da antwortete der Freund: ‚Ich bin bloß besoape, dat vergeit, aber du best dammlich, dat bliwt'!" Fritzchen, der aufmerksam zugehört hat, fragt: „Vatchen, war das dein Freund?"

⁂

In jedem Jahr kam der bekannte Postminister v. Stephan nach Ostpreußen und schoß gute ostpreußische Rehböcke. Er liebte besonders die Reviere Kranichbruch und Ibenhorst. Er pflegte bei den Oberförstern zu wohnen und verbat sich jede Sonderbehandlung. Er kleidete sich sehr einfach und unscheinbar und kein Mensch, der ihn traf, konnte auf den Gedanken kommen, daß der da ein Minister sei. In Ibenhorst passierte es ihn einmal, daß ein kapitaler Bock trotz eines guten Blattschusses mit der letzten Flucht in einen Wassergraben landete und darin liegen blieb. Stephan versprach einem Mann, der mit seinem Boot gerade vorüberstakte, einen Taler, wenn er ihm den Bock herausholen würde. Der war nicht nur bereit, sondern drückte Stephan verständnisinnig die Hand und griente über das ganze Gesicht: „Minschke, up mi kannst di verloate. Ich sie de Burblies; wenn' tom Schwöre kömmt, ick hebb nuscht gesehne!"

⁂

Wenn beim Schüsseltreiben die Jäger von ihren Hunden sprechen und jeder den klügsten hat, dann verstummten sie doch, sobald die Rede auf Hänsels

Hund kam. „Mein Nero ist ein Apporteur, wie ich keinen zweiten kennengelernt habe. Neulich stellt er mir einen Rehbock, und aus Versehen treffe ich meinen Hund. Sie können sich ja meine Bestürzung und meinen Schmerz vorstellen. Kaum habe ich mich von meinem Schrecken erholt, wer steht vor mir? Mein Nero! Und was hat er im Fang — seine eigene Rute, die ich ihm abgeschossen hatte!"

⁂

Oberförster Gramatzki hatte etwas zu erwidern. Das sei ja wohl zwar eine unerhört sichere Dressur, aber bei seinem Dackel Waldemann sei noch erstaunlicher die unglaubliche Liebe und Leidenschaft. Er habe einen eben eingestellten Kutscher nach ein paar Tagen wieder entlassen müssen, weil der Dackel Waldemann, sobald er den Kutscher erblickte, in seinen Hosen verbiß, daß nur die Fransen übrigblieben. Die andern fragten: „Warum denn? Vielleicht hatte der Kutscher eine Witterung gehabt, die den Dackel erregte?" — „Ach, was heißt Witterung, der Name gefiel ihm nicht. Der Mann hieß Fuchs!"

⁂

Einer von den beiden andern Männer bestätigte, so etwas sei durchaus möglich. Er berichtete aus eigener Erfahrung: „Ich sitze mit mehreren Bekannten in einem Lokal, habe Hektor in die Ecke gewiesen, und plötzlich gibt es einige Tische weiter Geschrei: Ein Herr empört sich und ich sehe, es geht um meinen Hektor. Wütend kommt der Mann auf mich zu und beschwert sich darüber, mein Hektor hätte seine Hose angenäßt. Er verlangt Schadenersatz und überreicht mir seine Karte. Ich bin natürlich ärgerlich auf

Hektor, denn so was kenne ich nicht von ihm. Aber als ich einen Blick auf die Karte werfe, wird mir alles klar: Der Mann hieß Baum."

❃

Der vorher genannte Postminister Stephan nahm auch einmal an einer Treibjagd teil. Dabei machte ein kleiner, alter Mann ihm mehrere freundliche Verbeugungen. Er kam Stephan sehr bekannt vor. „Na, Alterchen, wo habe ich Sie doch schon einmal getroffen?" Mit vergnügtem Lächeln drehte der Alte sich um, faßte an seine Kehrseite und sagte: „Hier, Exzellenz, hier!"

❃

Herr Schneider hatte einen Dackel gehabt, dem er nachtrauerte. Er hatte ihn viel zu früh verloren und hatte sich, aus Unabhängigkeit an seinen treuen Jagdgenossen, aus dem Fell eine Jagdweste machen lassen.
Und heute noch, viele Jahre nach dem Tode, sträubten sich an seiner Dackelfellweste die Haare, wenn er auf 50 Schritt an einen Hafen oder einen Fuchs herankam.

❃

„Mein Hund ist ein wunderbarer Hund, Herr Forstmeister. Ich verstehe nur eins nicht, er hat immer Tränen in den Augen. Kann man dagegen etwas tun? — „Versuchen Sie doch mal, nicht so schlecht zu schießen."

Einer kam aus Afrika ins Dorf auf Urlaub. Seine Kriegsorden und das, was er zu berichten wußte, machten ihn schnell zu einem Helden, der gefeiert werden mußte. Aber er mußte mehr Fragen beantworten, als ihm lieb war. „Segg moal, Otto, häst ook moal e Leew jesehne?“ — „Gesehen?“ antwortet Otto, „gesehen is gar nuscht, beinah aufjefressen hätt' mich einer!“ — „.. Ich ging mal an einem freien Nachmittag ein Stück in die Wüste spazieren, hatte natürlich bloß Hemd und kurze Bixen an und die Knarre über die Schulter gehängt. Wie ich so an gar nuscht denk', ist vor mir auf einmal eine große gelbe Katze mit einem Bart um den Hals. Wie ich noch denk', ih, das ist doch e Löw, dukt der sich auch schon hin und will auf mich losspringen. Ich natürlich den Karabiner runter, angelegt — knix, Donnerwetter — nich geladen und keine Patronen mit! Nu heißt's laufen. Ihr wißt ja, ich kann nicht schlecht laufen, aber manchmal, wenn der Löw seinen Satz machte, kam er mir immer beinah auf die Hacken. Als ich schon dicht an unserm Haus bin, da wird mir der Atem doch sehr knapp. Ich seh noch einmal zur Seite, seh, wie der Löw gerad zu einem mächtigen Sprung ansetzt, — da — rutscht er aus, fällt hin; ich rein ins Haus, und vom Fenster aus haben wir ihn dann totgeschossen!“ — „Mensch, Otto“, sagt einer in atemloser Bewunderung, „muß das e Aufregung gewesen sein! Ich sag Dir ganz ehrlich, wenn mir das passiert wär, ich hätt mir in de Hosen gemacht! ...“ Darauf Otto kurz und bündig: „Na, was meinst, Mensch, worauf der Löw ausgerutscht ist?“.

✻

Karl ist dabei erwischt worden, wie er mit dem

Kleinkalibergewehr Hasen wilderte. Er konnte den Tatbestand nicht bestreiten, aber er versuchte ihn zu erklären: „Als ich mit dem Mist den Acker entlang fuhr, sah ich auf einmal, wie in der Furche ein Hase lag. Ich wollte doch das arme Tier nicht überfahren, andererseits wollte ich auch die Misthaufen in gerader Reihe runterhacken. Ich hielt deshalb den Wagen an und warf nach dem Hasen mit dem Stein. Aber dadurch ließ er sich nicht stören. Deshalb ging ich nach Hause und holte meinen Tesching, mit dem ich immer auf Spatzen schieße. Als ich zurückkam, lag der Hase noch immer da. Zweimal schoß ich einen Warnungsschuß; als er sich dadurch nicht stören ließ, ärgerte ich mich und hielt nun richtig mitten drauf. Da war der Hase tot. Und damit ihn nicht die Krähen fressen sollten, nahm ich ihn mit nach Hause!"

In vielen Häusern hatten die Jagdessen ihre feste Tradition. So wurde auf einem Gut bei Gerdauen nach dem Tee kandierter Ingwer gereicht; und es gehörte zum guten alten Brauch, daß jeder soviel Stückchen erhielt wie er Kinder hatte. Als einmal einer zum erstenmal eingeladen war und nur ein Stück nahm, legte ihm sein Nachbar noch fünf Stücke dazu, weil er wußte, daß der neue Gast sechs Kinder zu Hause hatte. Der Jagdherr, der das beobachtete, freute sich über den wackeren Vater: „Bravo, Herr Weber, gratuliere vielmals!" Herr Weber aber genierte sich und hielt den Glückwunsch für Ironie. „Verzeihen Sie, Herr Baron, einer ist nur meiner, fünf sind von meinem Nachbar!"

Als Verteidiger in Strafsachen war der Jagdgast aus Königsberg berühmt und geschätzt. Aber beim Treiben verbrauchte er viele Patronen, ohne ein Wild zur Strecke zu bringen. Auch einen Hasen, der ihn direkt anlief, fehlte er natürlich. Darauf ein Treiber: „Seht bloß dem Haske, der hat gewußt, daß das'n berühmter Rechtsanwalt ist, und daß er bei ihm freikommen würde."

✣

Der Jagdpächter will mit seinem Waidgenossen den ersten Hasen schießen. Bei dem Weg über die Stoppelfelder gibt ein Wort das andere, und als auf einmal ein Hase hoch geht, schlägt der eine Schütze zuerst an, schießt aber nicht. Als er wieder ansetzt, fragt ihn der andere: „Na, Ausch, weshalb schoßt nich?" — Antwort: „Hättst lieber rechtzeitig gesagt: ‚Ansche, tee ook man de Hoahns opp'!"

✣

Ermahnung an einen Schützen, der jeden Hasen auf der Treibjagd ausnahmslos fehlt: „Mann, für Dich müssen die Hasen so lang wie'n Güterzug sein, und auch dann triffst Du höchstens noch hinten den Puffer!"

✣

Die Gemeinde Minge, am Haff gelegen und von vielen kleinen Flußläufen durchzogen, hat eine der besten Entenjagden Ostpreußens, weshalb sie von vielen Jägern aufgesucht wird. Eines Tages kamen sieben Herren aus Heydekrug; der Jagdpächter und

Krugwirt stellte jedem einen Kahn mit dem dazugehörigen Schieber, auf den es sehr ankam (er mußte nicht nur mit dem Kahn umzugehen verstehen, er sollte auch die besten Brutplätze und Jagdstellen kennen), und auf ging's zur Jagd. Der Amtsgerichtsrat hatte den gesuchten Führer, den oft bestraften Wilddieb Samel, bekommen und unterwegs entwickelte sich folgendes Gespräch: „Aber, Samel, Sie sind schon wieder wegen Wilddieberei angeklagt, können Sie das denn gar nicht lassen. Es muß Ihnen doch schon Vergnügen machen, wenn Sie so mit uns herumfahren können." Samel sagte: „Herr Amtsgerichtsrat, so ganz dat selwige es et doch nich. Se mußde bloß nich emmer so schlemm to mi sind, dä poor Ente und denn und wenn e Reh, dat moakt doch ok nuscht!" Der Amtsgerichtsrat war doch anderer Meinung und sagte: „Samel, wenn Sie angezeigt sind, muß ich Sie auch bestrafen!" Als sich zum Abend wieder alle im Kruge einfanden, erhob sich ein großes Hallo: Die Herren hatten alle sehr wenig geschossen, nur der Amtsgerichtsrat eine Unmenge. Auf die vielen Fragen, wie das möglich sei, antwortet von hinten Samel: „Wie wäre ook ent Fiskalische!"

✣

Jeder wirkliche Jäger ist abergläubisch. Wenn ihm beim Aufbruch zur Jagd ein altes Weib über den Weg läuft, kann er nicht mehr mit Waidmannsheil rechnen. — Als die Jagdgesellschaft morgens aufbricht, begleitet die Hausfrau ihre Gäste bis an die Wagen. Darauf der Gutsbesitzer: „Nanu, Altchen, kommst Du auch mit?" — Einer der Gäste wollte liebenswürdig sein: „Gnädige Frau, kommen Sie ruhig mit, wir sind nicht abergläubisch!" Diese Geschichte wurde sehr vergnügt und gern weitererzählt — und so hörte der Jagdgast sie einmal wieder: „Da sagte doch ein Esel: Gnädige Frau, kommen Sie ruhig mit, wir sind nicht abergläubisch!“

⁂

Nach langem Warten machen die Jäger der Kreisstadt dem Inhaber des Warenhauses die Freude, ihn zum Tontaubenschießen einzuladen und erfüllen ihm damit seinen langjährigen Wunsch, auch Jäger zu werden. Er tritt mit einer wunderbaren, neuen Flinte an und schießt mit tödlicher Sicherheit auf 50 Tontauben 100mal vorbei. Über sich selbst wütend, beeilt er sich nach Hause zu kommen. „So was ist nichts für einen soliden Kaufmann. Ich bin seit frühester Jugend im Geschäft und immer an drei Monate Ziel gewöhnt, da kann ich mich nicht so plötzlich umstellen!“

⁂

Unter den Schützen ist einer, der schießt ständig vorbei, behauptet aber immer, getroffen zu haben. Wieder einmal ruft er: „Der hat aber was abgekriegt!“ Darauf der alte Treiber neben ihm: „Joa, Angst!“

⁂

Der alte Instmann Karl ist bei allen Treibern als höchste Autorität in allen jagdlichen Angelegenheiten anerkannt. Der Inspektor fragt ihn oft nach der Jagd nach seinem Urteil. Dabei hört er einmal: „An de Gawehner Eck, doa stunn en Herr, de hadd so e nimodsche Flint mit fief Schuß un he gäw und gäw, un he truff doch nich änem Hoas; un det awens, denn huckt he bi unsem Herr Oberamtmann un söppt dem diere Win un roakt de diere Zigarre, un denn moakt so e Kerl mehr Schoade, als dat hei Nutze inbringt!"

❊

Schüsseltreiben im Dorfkrug. Die Waidgenossen laben sich an gutem Essen und Trinken, und die Kutscher im Nebenzimmer kommen auch nicht gerade zu kurz. Einer der Kutscher meint: „Wenn de Härres von dem Woaterke jedrunke hebbe, dat so schümt, denn brülle se denooch wie de Osse!"

❊

Nach ein paar Stunden geht ein junger Kutscher, der zum erstenmal dabei ist, an die Tür der Herrenstube und horcht ... „Ich denk', es ist all Zeit anzuspannen, die Härres singe all düchtig!" Ein alter erfahrener Kutscher kontrolliert die Geräusche hinter der Tür und belehrt ihn: „Du Schoapskopp, wat weetst, dat lohnt noch lang nich, se sin man erst bi de ‚Gaudeamus' un denn duert dat mindestens noch zwei Stunde!"

❊

Friedrich hatte sich eine Flinte gekauft und bereitet sich auf die neue Aufgabe als Jäger vor. Auf der Scheunentür des Nachbarn wollte er seine Flinte einschießen. Nach dem ersten Schuß findet sich kein einziges Schrotkorn auf der Tür. Darauf meint der Nachbar: „Geh man nach Haus, Noaber, größere Vögel als die Scheunentür gibt's nicht!"

Forstbeamte, Waldarbeiter und Bauern waren vom Forstmeister streng erzogen, sich waidmännisch auszudrücken. Bei der Holzauktion hatte der Forstmeister am Ohr einen Blutstropfen. Ein Käufer sehr höflich: „Herr Forstmeister, Sie schweißen am Löffel!"

⁂

Der Landpolizist war mit einem Polizeihund ausgestattet worden und hatte wirklich mit dessen Hilfe einen Diebstahl aufgeklärt. Zwei Bauern unterhielten sich darüber, wie klug doch die Hunde seien. „Ick kann di segge, et jefft Hunde, de send kleeger als ähre Härres!" Darauf der zweite Bauer: „Oaber joa, ick selvst hebb so eenen!"

⁂

„Patze" heißt der Hund des Schäfers, der sehr oft anders wollte als sein Herr. „Patze, goa, hoal de Schoap!" ... Patze knurrt leise. „Patze, Patze, hörst nich? Patze, na wellst nich? Na wacht, du Brandskreet, ick koam die henn, denn gewt et!" Patze gehorcht nicht. „Du sullst de Schoap hoale!" Patze gehorcht auch jetzt nicht. „Patze, na wellst nich, denn goa ick selvst!"

⁂

Der Bauer kommt zum erstenmal auf das Gut und findet den Schäfer mit einem Hunde, der alle Rassen in sich vereinigt. Im Hin und Her des Gesprächs fragt er den Schäfer: „Ist das nun ein Ratenfänger oder ein Affenpinscher?" — „Joa, Härrke", kratzt sich der Schäfer höflich hinter den Ohren, „Ratte fange fangt he wohl, ob he aber schon moal en Apen gepinscht hefft, datt weet ick nich!"

Ein junger Leutnant ließ die Mannschaften auf einen Platz reiten. Ein böser Geist führte den Oberst an der Stelle vorbei, und obwohl die Mannschaften vor der Besichtigung eigentlich noch gar nichts anfangen, stellte er sich hin und kritisierte und kritisierte. Kurz gesagt: Es war alles falsch, was der Leutnant machte. Kaum war der Oberst weg, da erschien der Rittmeister. Auch er hatte anscheinend vom Liebesmahl am Tag vorher noch Haarweh, und auch er fing an zu kritisieren und verlangte fast genau das Gegenteil von dem, was der Oberst gewünscht hatte. Mannschaften und Leutnant überstanden aber auch das. Als der Rittmeister verschwunden war, ging der Wachtmeister zum Leutnant, um zu trösten: „Herr Leutnant, heut geht's uns dreckig. Die Herren Vorgesetzten fallen tatsächlich von einem Exkrement ins andere!"

✲

Auf dem Remonteamt wurden die Remonten ausgegeben. Dabei wurde die Nummer des Pferdes, Name des Verkäufers, Nationale und Abstammung laut verlesen. Ein Gutspächter in Göritten, namens Kreth, war ein bekannter Remontezüchter. Ein Kavallerieregiment erhielt unter den 80 Remonten, die ihm zustanden, allein 20 von Kreth-Göritten. Nummer und Name wechselten, aber immer hieß es „von Kreth-Göritten". Der Leutnant, der die Remonten abholte, ließ sich durch einen Unteroffizier jedesmal die Nummer aufschreiben, wenn Kreth-Göritten aufgerufen wurde. Schließlich fragte ihn die alte Exzellenz, die die Aufnahme leitete: „Was lassen Sie da eigentlich notieren?" — „Exzellenz, ich lasse die Pferde aufschreiben, die geritten sind." Als das

Lachen sich beruhigt hatte, erfuhr er, was es mit ‚Kreth' und ‚Göritten' auf sich hat.

✤

Nach der Belehrung über das Recht des Soldaten auf die Beschwerde, gab der Feldwebel der Kompanie in der Instruktionsstunde einen praktischen Hinweis. „Ihr seid hier alles ältere Leute; wir wissen das und nehmen darauf Rücksicht, aber ihr sollt euch auch nicht über jeden Quark beschweren. Wenn sich mal ein Vorgesetzter hinreißen läßt und sagt: Ihr Kamele oder ihr Ochsen, dann denkt — — (nach einigem Nachsinnen) dann denkt, wir sind hier alle eine Familie!"

✤

Bei der Besichtigung führt ein sehr junger Leutnant eine Kompanie vor, die einen tadellosen Eindruck macht, trotzdem eine besonders große Zahl schon alter Leute im Glied stehen. Exzellenz lobt den jungen Kompanieführer: „Sagen Sie mal, Herr Leutnant, wie alt sind Sie eigentlich?" — „19 Jahre, Exzellenz!" ... „Und wie alt ist Ihr Ältester?" Der Leutnant mit sehr roten Ohren: „Exzellens, ich bin noch nicht verheiratet!"

✤

Der Garnisonskommandant, Rittmeister, ist mit der Tochter des Landrichters verlobt. Abends ruft er seinem Pferdeburschen an der Stalltür zu: „Ich gehe zu meiner Braut, morgens fünf Uhr die Pferde!" — Um fünf Uhr morgens klopft und klingelt es bei dem Landrichter. Schließlich öffnet dessen Frau das Fenster und stellt fest, daß der Bursche ihres Schwiegersohnes mit den Pferden vor der Haustür steht. Sie fragt erschreckt, ob was passiert sei. — „Nein, nein, kein Unglück: Der Herr Rittmeister ging gestern abend zur Braut und hat befohlen, um fünf Uhr die Pferde zu bringen!“

⁂

Der mit klassischer Bildung ‚befleckte' Unteroffizier Krause — er hatte zwei Jahre auf der Quinta eines Gymnasiums zugebracht — ließ eine Rekrutenabteilung reiten und rief einen besonders schlecht sitzenden Reiter zu: „Baltschuweit, Sie sitzen ja auf Ihrem Pferd wie die Iphigene auf Tauris.“ Diesen Zuruf hörte der Wachtmeister und rügte den Unteroffizier: „Unteroffizier Krause, es ist ja sehr schön, daß Sie in der Bibel so gut Bescheid wissen, aber Gottes Wort gehört nicht auf den Kasernenhof.“

⁂

Der Posten läßt gegen alle Vorschriften einen Zivilisten in die Kaserne, ohne ihn anzuhalten und zu kontrollieren. Der Kompaniechef sieht das zufällig und bläst den Posten fürchterlich an: „Verzeihung, Herr Hauptmann, der o . . o . . berst.“ „Zum Donnerwetter, das heißt nicht Oberst, sondern der Herr Oberst“. — „Jawohl, Herr Hauptmann!“ Darauf der Hauptmann: „Was haben Sie also zu sagen?“ Der Posten: „Verzeihung, Herr Hauptmann, der Herr o . .b . .berste Abort ist verstopft, und der Mann da soll ihn in Ordnung bringen.“

Die Wache auf dem Schießstand besteht aus dem Unteroffizier und drei Mann. Als der Major von der Ronde kommt, nimmt der Posten Haltung an, ruft aber die Wache nicht aus. Major: „Willst Du nicht rausrufen, mein Sohn?“ — „Das verlohnt sich nicht, Herr Major!“ „Verlohnt sich nicht, was soll das heißen?“ — „Zwei Mann sind nach Kohlen gegangen und der Herr Unteroffizier sitzt auf der Latrine!“

⁂

Beim Exerzieren ist der Feldwebel wütend über einen Rekruten, der sich über die Maßen dumm anstellt. Verzweifelt ruft er: „Bloß gut, daß es so wenig so dumme Menschen gibt! Hoffentlich haben Sie keine Brüder?!“ „Jawohl, Herr Feldwebel, einen habe ich, der ist Feldwebel!“

⁂

Während des Manövers war ein Halt an einer Viehtränke. Ein Berliner fragt den Melker, warum die Kühe im Wasser stehen. „Das weißt Du nicht, Du Dussel, das tun sie, damit die Milch nicht sauer wird!“

In einem masurischen Regiment fragte der Unteroffizier beim Kapitel „Verhalten des Soldaten“: „Kaczmark, was tun Sie, wenn Sie aus Versehen dem Herrn Feldwebel auf die Füße treten?“ — „Ich tu eins in die Fresse kriegen!“

⁂

Beim Gewehrappell donnert der Leutnant einen Rekruten an: „Was ist das hier im Lauf!?“ Der Rekrut fragt staunend gegen: „Leutnant, kennst kein Rost?“

Der alte Oberst von der Kavallerie hatte ein Gut geerbt und wollte absolut selbst wirtschaften, trotzdem er nichts von der Landwirtschaft verstand. Ein Inspektor lernte ihn an, so gut es eben ging. Eines Tages war in der Nachbarschaft ein guter Bulle angeboten worden, der nach Meinung des Inspektors dringend gebraucht wurde. Man ging gemeinsam zur Besichtigung. Der Bulle wurde vorgeführt. Der alte Oberst machte eine Kennermiene und befahl schließlich: „Lassen Sie ihn mal traben!"

Der Sohn eines Landwirts diente vor Jahren als Einjähriger bei den Dragonern in Tilsit und ritt zum Weihnachtsurlaub nach Hause. Damals hatten die Einjährigen eigene Pferde. Während der Weihnachtstage fiel so viel Schnee, daß der Vater seinem Sohn zur Rückkehr einen Einspännerschlitten gab. Während der langen Fahrt überlegte der Leutnant, wie er dem unbeliebten Torschreiber in Tilsit einen Streich spielen könnte. Kurz vor Tilsit hüllte er seinen großen Bernhardinerhund in den Fahrpelz, setzte ihn hinten in den Schlitten und nahm selbst mit Dragonermantel und Mütze vorn Platz. An der Tür des Torschreibers fragte dieser nach hinten in den Schlitten: „Haben Sie etwas Versteuerbares?" Weil keine Antwort erfolgte, sagte der Dragoner: „Sie müssen näher rangehen, der alte Herr ist schwerhörig." Darauf trat der Torschreiber dicht an den Schlitten und versuchte, dem „alten Herrn" ins Ohr zu schreien: „Haben Sie was ..." Weiter kam er nicht, denn nun wurde es selbst dem gutmütigen Bernhardiner zu bunt, der dem Torschreiber ins Gesicht bellte. Der erschreckte Torschreiber kam erst zur Besinnung, als der Schlitten in der Dunkelheit verschwunden war.

⁂

Das Haus ist voller Offiziere, Mannschaften, Pferde. Morgens früh sitzt alles beim Kaffee. Die Hausfrau will eben in der Küche noch nach dem Rechten sehen; da sieht sie, wie der Bursche des Oberstleutnants mit einer alten Wasserkanne die Treppe runterkommt. „Was haben Sie um Himmels willen mit der Kanne gemacht?" — „Ich habe dem Herrn Oberstleutnant warmes Wasser gebracht!" „Aber um Himmels willen, die Kanne hatte ich ja immer zum Tomatenjauchen!" — „Ja, gnädige Frau, das braucht der Herr Oberstleutnant nicht zu wissen!"

⁂

Es bestand eine Vorschrift, daß in der Genesungskompanie bei der Einteilung zum Arbeitsdienst die Vorbildung der Leute berücksichtigt werden sollte. Unter ihnen war ein Tierzuchtinspektor, der bei der Einteilung begreiflicherweise als letzter übrig blieb. Schließlich kommandierte ihn der Unteroffizier zum Ziegenhüten.

⁂

Das Häuschen war neu verputzt worden und der kleine Garten in schönste Ordnung gebracht. Die Kätnersfrau hatte jetzt nur noch den einen Wunsch, in ihrem Garten eine Bank zu haben, wie sie sie einst beim Schulausflug im Tiergarten in Königsberg bewundert hatte. Sie machte sich also mit ihrem Sohn Emil nach Königsberg auf, wanderte durch die Langgasse und geht in ein Haus „Bank der ostpreußischen Landschaft". Als sie ihr Anliegen vortrug, war der Bankbeamte reichlich verwundert. „Frauchen, ist das Ihr Ernst?" Darauf mit Mutterstolz: „Nee, Herrke, dat is mien Emil, de häwt hiede bloß dem Ernst sienem Jäckert an!"

✿

Die Hausschneiderin war zwar jung und schlank, aß aber für zwei. Da sie gut arbeitete, trug die Hausfrau ihren Leistungen Rechnung. Fünf große Klopse kriegte sie auf den Teller. Ringsum wurde geschmunzelt, als ohne Anstrengung einer nach dem andern verschwand. „Sind Sie nun auch satt geworden, Fräulein Meyer?" — „Einen könnt ich beinah noch vertragen, Frau Schulze; aber wenn man so den ganzen Tag sitzt und näht, hat man ja nie so rechten Appetit!"

✿

Die alte Bäuerin ist mit dem Sohn und der Schwiegertochter in das Frauenabteil der Eisenbahn gestiegen. Natürlich gibt es eine lebhafte Auseinandersetzung mit dem Schaffner. „Sie müssen hier aussteigen. Sie dürfen hier nicht sitzen bleiben", sagt er zu dem Sohn. Ob dies denn nicht der Zug nach Tilsit sei. „Ja, natürlich, aber Sie müssen hier aussteigen!" — „Oawer hen sie wie doch all tosamm gefoahre!" Schließlich hilft der Schaffner etwas gewaltsam nach und bringt den jungen Ehemann in das Nachbarabteil. Die beiden Frauen machen ihrer Empörung Luft. „Hätt ick em man sullt sägge, dat he mien Sähn is un dien Mann!" Die junge Frau beruhigt sie aber schließlich: „Datt wart woll sin, weil et nu all Oawends is!"

Die Konfirmanden sollen von dem Bewußtsein durchdrungen werden, daß der liebe Gott allwissend ist. Wenn aber nun doch ein böser Dieb auf den Hof kommt in stockfinsterer Nacht, so daß keiner ihn sehen kann; wer sieht ihn dann doch? Der kleine Gustav aufgeregt und eifrig: „Der Hund!"

*

An einem schönen Sonntagmorgen radelt ein nettgeputzes Mägdelein die Chaussee entlang. Die Lackschuhe hat sie wohl heute zum ersten Male an, denn immer wieder schaut sie nach ihren neubeschuhten Füßen herunter, ohne viel auf den Lauf des Rades zu achten. Da rietz, ratz, prallt sie gegen einen dicken Chausseebaum und liegt im Dreck daneben. Ein Bauer hat das im Vorbeifahren beobachtet und ruft ihr voll Schadenfreude zu: „Freileinche, Sie hätten man bimmeln sollen!"

*

Als die Kohle im Kriege knapp wurde, verkehrte auf der Nebenstrecke täglich nur ein Zug in jeder Richtung. Einer kommt um wenige Augenblicke zu spät und erreicht den letzten Wagen nicht mehr. Schadenfroh hört er aus dem Fenster des letzten Abteils: „Du, renn doch nicht so, morje kemmt je noch ener!"

*

Vor der Tür des großen Kaufhauses hält der Pförtner eine Frau vom Lande mit einer Ziege an. „Aber, Frauchen, wo wollen Sie denn mit der Ziege hin?" — „Entschuld'gen Se schon, wo geht man hier zum Bock?" Der Portier: „Zum Bock?" Die Frau:

„Na, sähen Se doch, hier im Fenster hängt doch ein großes Zettelche ‚Ziegendecken 50 Pfennig'!"

❊

Fritzchen hatte bis zu seiner Einsegnung die Rockärmel auf Hochglanz poliert und war im ‚Spatzenschießen' Virtuose. Seine Mutter hielt Taschentücher für vollkommen überflüssig. Seine Einsegnung bedeutete deshalb nur für Fritzchen geradezu eine Lebenswende, weil er ein Taschentuch geschenkt bekam. Am Montag früh steht er vor der Tür und bläst mit mächtigem Getöse in das Taschentuch. Unbemerkt ist seine Mutter hinter ihn getreten voll Zorn über seine neumodischen Allüren. Zuerst bekommt er einen Mutzkopf und dann schimpft sie: „Foli, Du Schwien, all wedder ent Schwowdook?"

❊

Zum drittenmal erscheint Fräulein Ilse auf dem Standesamt und meldet die Geburt eines Kindes an und wieder den gleichen Vater. Der Standesbeamte richtet einige erbauliche Worte an sie und meint, es sei doch wohl wirklich besser, auch für die Kinder, wenn sie nun endlich den Kindesvater heiraten würde. Sie wehrt sich entrüstet: „Er ist mir nicht symphatisch!"

❊

Als zum erstenmal nach dem Kriege zum Reichstag gewählt wurde, war jeder Staatsbürger über seine Rechte, insbesondere über die Geheimhaltung der Wahl, sorgsam aufgeklärt worden. Als der Wahlvorsitzende Frau Kadereit nach dem Namen fragte, antwortete sie schon ungehalten „Kadereit". Die

Frage nach dem Vornamen lehnte sie aber entrüstet ab? „Nanu, ich denk et is jeheime Woahl!"

⁂

In dem kleinen Gasthof kannte man keinen ausländischen Käse. Ein Gast fragte nach dem Essen den Lehrling, der bediente, nach Camenbert. „Nei, das haben wir nich, wir haben bloß Insterburger Beer."

⁂

Anton hat sich die Schuhe von allen Gästen vor die Tür gestellt und putzt im Freien. Die kleine Lina, Tochter des Hauses, hat ihren Spaß daran, aus der Wohnung im oberen Stockwerk auf den Bürgersteig zu spucken. Darauf Anton: „Schade um die schöne Spucke, wieviel Stiefel hätte ich damit wichsen können!"

⁂

Karl fährt zum erstenmal in seinem Leben mit der Straßenbahn. Er will während der Fahrt, und dazu noch rückwärts, absteigen. Der Schaffner ruft ihm schnell, aber zu spät zu: „Vorwärts absteigen!" Karl landet prompt auf seiner Kehrseite und entgegnet dem Schaffner wütend: „Dammlicher Kerl, wollst wohl, daß ich auf die Freß fall!"

⁂

Die Autos waren noch nicht alltäglich geworden. Sie versammelten, wenn sie erschienen, auf dem Lande die Kinder um sich und gaben zu vielerlei Bemerkungen Anlaß. Mariechen staunte: „Leine, Leine, seih e Auto! Un dei schlefft!"

In Königsberg war Schweineausstellung. Einige Ehepaare fuhren zusammen nach Hause. Thema der lebhaften Unterhaltung war natürlich die Schweinezucht. Es wurde gerade die These vertreten, nächstens würden Landschweine wohl ganz von der Bildfläche verschwunden sein. In dem Augenblick stieg ein Fahrgast ins Abteil, der die Ausstellung nicht nur zur Belehrung, sondern auch zur Unterhaltung benutzt hatte. Er hatte nur die letzten Worte mitbekommen und reagierte entsprechend: „Na erlauben Sie mal, hier sind doch noch mehr Herren vom Lande, die alle das Recht haben, mitzufahren."

*

Ein Bauer bewunderte im Schaufenster einer Königsberger Handlung ein funkelnagelneues Auto und erkundigte sich schließlich „wie dat Ding nu foart". Der Händler war mit Belehrungen nicht sparsam. Der Bauer blieb aber ungläubig, weil das Fuhrwerk ja gar keine Deichsel hatte. Daraufhin wurde er zu einer Probefahrt eingeladen. Die langsame Fahrt durch die Stadt machte keinen großen Eindruck. „Dat kann ick mit miene Brunersch ok!" Als es allmählich schneller wurde und der Lenker lebhafte Erklärungen gab, kam er einem Steinhaufen auf der Chaussee etwas zu nahe. „Dat kann ick mit miene Brunersch ok!" Der Fahrer wurde immer schneller und übersteigerte die Schnelligkeit, weil er Eindruck auf den Bauer machen wollte. In einer Kurve war seine Kunst zu Ende. Der Wagen stieß gegen einen Baum und beide landeten auf dem Acker. Mit viel Glück waren sie unverletzt. Da stand der Bauer auf, reckte sich wieder gerade und sagte: „Dat ging forsch, oawer segge Se, Herrke, wie bringe Se dat Ding tom Stoahne, wenn keen Boom doa es?“

⁂

In einem Königsberger Vorort suchte ein Arbeiter eine Ziege und fand in der Zeitung schließlich ein Angebot aus Metgethen. Die Reise nach Metgethen wurde angetreten, die Ziege gekauft, auf dem Rückweg bei einem bekannten Wirt eingekehrt. Der machte gern ein Späßchen. Er vertauschte die Ziege mit einem Bock, der in der Größe sehr ähnlich war. Noch ein paar Schnäpse und Biere, dann machte sich der Käufer mit seiner Ziege auf den Heimweg. Zu Hause zeigte er sie voller Freude seiner Frau. Darauf diese: „Du dammliger Kerl, häst ja e Zögebock di anschmöre loate!“ Dem Mann blieb nichts anderes übrig, als noch einmal nach Metgethen zu fahren. Diesmal kehrte er auf der Hinfahrt bei seinem Freunde ein und erklärte ihm bei einer stattlichen Reihe von Schnäpsen sein Mißgeschick. Inzwischen tauschte der Wirt heimlich den Bock wieder gegen die Ziege ein. Der Verkäufer hörte sich die sehr nachträgliche Beschwerde höchst erstaunt an und versicherte, daß er überhaupt keinen Bock besessen habe. Die gemeinsame Besichtigung ergab dann auch, daß ja da draußen tatsächlich eine Ziege stand ... „Na, da schloag doch gliek de Düwel drin, gistre Owend wär et aber bestimmt e Bock!“

⁂

Die neue Kreisbahn ist endlich fertig geworden und soll feierlich eröffnet werden. Der Landrat führt zum Festessen Frau von X. aus der Nachbarschaft. Die Unterhaltung bei Tisch wird allmählich laut, und die Kreisbahn wird nur so genannt, wie sie der Volksmund schon längst getauft hat: der Kreishengst. Frau v. X. wird unruhig und wirft jedesmal einen erwartungsvollen Seitenblick auf ihren Tischherrn. Schließlich sagt sie: „Aber, Herr Landrat, ich würde mir doch diese häßliche Bezeichnung nicht gefallen lassen!"

✻

Telegramm eines Viehhändlers an einen Käufer: „Morgen alle Schweine am Bahnhof. Erwarte Sie auch. Komme erst später, da D-Zug kein Rindvieh mitnimmt. Ochsen im Preise gestiegen. Wenn Sie welche brauchen, denken Sie an mich!"

✻

Früher — in der guten alten Zeit — war es eine aufregende Nachricht, wenn bei einem sonst wohlbekannten Landwirt Möbel gepfändet wurden. Eine junge Frau, noch recht lebensunerfahren, fragte bei einem solchen Gespräch: „Ist das was Schlimmes?" Antwort: „Meine Liebe, wie würde es Dir gefallen, wenn man Dir das versiegelt, worauf Du sitzt?"

✻

Der geistliche Trost steht vor seltsamen Aufgaben. „Weinen Sie nicht, liebe Frau", tröstet der Pfarrer eine Witwe. „Der Tod ist kein Übel. Es ist ja manchmal sogar so, daß man glauben könnte, es wäre besser gewesen, wenn man erst gar nicht in dieses irdische Jammertal gekommen wäre." — „Jo, jo, recht hebbes, lewer Herr Pfarr! Ower wem trefft mang dene Dusend solch Gleck!"

Ganz hoch oben am Kirchturm sollte der furchtlose Dachdecker Schneidereit Ausbesserungsarbeiten machen. Schwindelfrei, wie er war, kletterte er außen an der Turmspitze hoch, warf eine Tauschlinge um die Spitze, band sich das andere Ende um den Leib und arbeitete ruhig wieder auf ebener Erde. Das Dorf stand unten und alle hatten sie Angst, die Schneidereit nicht hatte. Als er nach zwei Stunden wieder unten war, atmete alles erleichert auf. Ob er sich denn nicht gefürchtet habe? Schneidereit: „Aber wofür sullt eck denn Schöß hebbe, eck sie ja im Unfall!"

⁂

Sehr überheblich macht sich ein städtischer Gast im Krug über die Bauern lustig: „Hier bei Ihnen im Ort stirbt die Dummheit ja wahrscheinlich nie aus!" — „Leider nein, es kommen immer wieder Fremde an diesen Ort!"

⁂

Wie das bei Hirten früher manchmal vorkam, hatte der alte Karl weder im Sommer noch im Winter die Schule besucht. Er konnte daher nicht schreiben. Es war ihm aber unangenehm, das zuzugeben. Als er einmal seinen Namen unter ein Anerkenntnis setzen wollte, sah er sich den Federhalter näher an und meinte dann entrüstet: „De Fedder es joa oppgespoale, mit de kann ick nich schriewe!"

⁂

Aus der großen Stadt war eine neue Helferin in die Apotheke gekommen. Von der Landwirtschaft und von den Tieren wußte sie nichts. Es war ihr ein ganz fremdes Gebiet. Einmal hatte sie ein Rezept herzustellen, das der Tierarzt für einen sehr wertvollen Hengst ausgeschrieben hatte, der an einer Lungen-Brustfellentzündung litt. In dem Rezept war bestimmt: Zum Einreiben der Brustwandungen. — Auf das Etikett der Flasche schrieb die Apothekenhelferin: „Zum Einreiben der Brustwarzen für Hengst der Gutsverwaltung K".

⁂

Es ist noch gar nicht so lange her, da war das Bewußtsein der Unkenntnis gegenüber allen Formvorschriften des Rechts sehr verbreitet. In der „Georgine" hatte ein Bauer sich sehr genau mit all den Vorschriften befaßt, auf die man achten muß, wenn man ein Testament aufsetzt. Um ganz sicher zu gehen, bestellte er den Notar zu sich und legte sich wie ein Schwerkranker ins Bett. Nachdem der Notar das Testament aufgenommen hatte und es unterschrieben war, erkundigte er sich nach dem Befinden des anscheinend Schwerkranken ... „I wo, ich bin nich krank!" „Ja,aber warum haben Sie sich denn ins Bett gelegt?" — „Na, ich dacht, wenn man sein Testament macht, dann muß man im Bett liegen."

⁂

Ein Landarbeiter brauchte billiges Holz. Der Förster erwischte ihn, wie er gerade einen Baum ausgrub. Er entschuldigte sich damit, er wolle ja nur ein paar Wurzeln ausgraben. „Aber Mann, sehen Sie denn nicht, daß das ein ganz gesunder Baum ist!" Darauf sieht der Arbeiter scheinheilig nach oben. „Ach, entschuldige Se man, Herr Förster, da nach obe hab ich gar nich hinjesehn!"

In die große Bank kommt ein Bauer in größter Eile, zieht sich den Rock aus, setzt sich auf den Stuhl. „Na, los, los es dat Woater noch nich woarm? Eck hebb keene Tid!" — „Was wollen Sie überhaupt, Mann?" —„Nu, eck will mi balbeere loate, wat denn sonst!" „Na hören Sie mal, das ist eine Bank und kein Barbierladen!" — „Dat es goat", lachte er, „eck froagt enem op de Stroat, wo eck am schnellste on beste balbeert wäre kann, on doa wiest he mi hier renn!"

✻

Nach altem Brauch wurde beim Sonnenuntergang in der Feste Boyen ein Kanonenschuß gelöst. Auf einem Grundstück in der Nähe war Besuch aus der Stadt, der von diesem Brauch nichts wußte und bei dem Knall fürchterlich erschrak. Auf ihre Frage erfuhr er: die Sonne geht unter. „Onn dat gefft hier emmer so eenem Knall? Bi ons es nuscht to heere, wenn de Sonnke unterjeit!"

✻

In Nikolaiken kehrt eine Besichtigungskommission zum Mittagessen ein. An dem sehr heißen Sommertag ist der Mosel so lauwarm, daß er nicht trinkbar ist. Eis sei nicht da, erklärt die Kellnerin. Darauf wird der Wirt zitiert, er soll Eis besorgen. Er sieht seine Gäste verdutzt an, tippt sich mit dem Finger an die Stirn: „Im Sommer — Eis?!"

✻

Die Bäuerin will sich beim Zahnarzt den bösen Zahn ziehen lassen. Sie wird gefragt, ob sie Betäubung verlangt. „Na, mienswege könne Si mi ook beteibe, oawer denn mecht öck toerst betoahle!" —

„Warum wollen Sie denn erst bezahlen?“ fragt der Zahnarzt erstaunt. — „Joa, Herrke, wenn man nuscht höre und sehne kann, dann kann mienem Göldbiedel allerhand passiere, on doa möcht öck söcherheitshalver noch e moal noahtelle, wieväl doa bönne ös!“

⁂

Ein Apfelliebhaber sieht auf dem Markt einen Händler mit kleinen grünen Äpfeln stehen. Da er die Sorte nicht kennt, fragt er danach. Erst bei der zweiten Frage kriegt er einen bösen Blick und bei der dritten Frage die verstockte Antwort: „Das sag ich nicht! Erst fragte mich ein Herr und wie ich sagte: „Gravensteiner, hätt er mir bald in die Fress gehauen!“

⁂

Der Trecker steht schlecht und der Treibriemen der Mähmaschine rollt immer wieder von der Scheibe herunter. Hoch oben fliegt ein Flugzeug vorbei. Ein Scharwerksjunge meint: „Ei, wat mokt de bowe inne Luft, wenn dem de Reme runderfleegt?“

⁂

Die Bäuerin hat in der Zeitung etwas von Vitaminen gelesen und verlangt in Treuburg auf dem Markt Spinat, wegen der Vitamine. „Achott, Madamche, am Spinat sind auch nicht weniger als am Kumst, und außerdem gehn die paar Dingerche beim Waschen mit raus!“

⁂

Der Kämmerer saß mit dem Hirten auf einer Bank, merkte aber plötzlich, daß sein Nachbar sich öfters kratzte. Schließlich fragte er ängstlich: „Karl, hast womöglich Flöh?“ — „Flöh, Flöh? — Sie eck e Hund? Lies hebb eck!“

⁂

Der Junge hat an einem Roggenfeld zu weiden, das eben gemäht war und auf dem die Hocken noch standen. Als ein Gewitter und ein starker Regen aufkam, setzte er sich in eine Kornhocke, verließ sie aber rasch wieder, da es stark durchregnete, und lief zur nächsten Hocke. In der hatte er sich kaum eingerichtet, da schlug ein Blitz in die erste Hocke hinein. Der Junge steckte den Kopf raus und rief: „Joa, Schietke, hier huck ick!“

⁂

Die Sitzung hatte länger gedauert als gedacht. Der Oberamtmann wollte sich den Heimweg sparen und den Rest der Nacht im Hotel schlafen. „Heeren Se mal, Oberche, habe Se noch e Zimmerche frei?“ — „Aber natürlich, Herr Oberamtmann!“ — „Und was kostet das Vergnügen?“ — „Wir haben welche zu 3,50 und zu 4,50 Mark.“ — „Nu sagen Sie mir bloß, Oberche, was is denn da der Unterschied?“ — „Na, Herr Oberamtmann, eine Mark!“

⁂

Die Fahrten Dr. Eckeners mit dem Zeppelin berührten auch Ostpreußen und führten dazu, daß jedermann ihn kannte. Unsere Mamsell kam eines Tages ganz aufgeregt und wollte Urlaub haben, um nach Gerdauen zu fahren, dort sei der Vortrag von Dr. Eckener „Auf dem Wege zum Schlaraffenland“ angekündigt. Ein Blick in die Zeitung stellte fest, es war angekündigt: Dr. Oetker — Wege zum Schlaraffenland.

⁂

Außer den üblichen dünnen Telefondrähten fand man neuerdings sehr oft auch starke Kabel an den Straßen und an der Eisenbahn aufgehängt. Ein Arbeiter war sich nicht darüber klar, warum der eine Draht dünn und der anderer dick war. Er wurde belehrt: der dicke ist für Schwerhörige.

⁂

Ein altes Frauchen reist nach Königsberg und läßt sich vom Bahnhof mit der Autotaxe zu ihrem Sohn fahren. Die Winker am Wagen sind nicht in Ordnung, und der Fahrer steckt je nachdem links oder rechts den Arm aus dem offenen Wagenfenster, wenn er um die Ecken fährt. Schließlich wird die Alte unruhig: „Sie, Mannche, halten Se man lieber Ihr Radche fest, ich werd Ihnen schon sagen, wenn's regnet!"

⁂

In der Kirche ist der Kantor aufgebahrt. Nach der Trauerfeier die alte Marie in höchster Aufregung: „Madamchen, ich hab jesehn, wie dem alten Herrn Kantor seine Seel' inn'n Himmel fuhr!" — „Aber rede doch nicht solchen Unsinn, Marie!" — „Es ist wirklich wahr; ich war mit de Lehmannsche schon ganz früh hingegangen. De Kirch war noch leer, und da kam mit einem Mal aus dem Kantor e Blitz und e dicker Rauch, und weg war sie. Madamche, ich war doch dabei und die Lehmannsche und der Fotograf war auch noch in de Kirch."

Hindenburg kam durch ein ostpreußisches Dorf, das vollzählig zu seinem Empfang da war. Die Nachbarin: „Haben Sie ihn auch gesehen?" — „Ja, un ganz so wie op mienem Kaffeetoppke!"

*

Frau Kalweit trifft Frau Gerulat. „Na, wie jeiht, Fru Kalweit?" — „Dank ook scheen, et jeiht ganz good, bloßig uns Onkel es krank!" — „Joa, dat hebb eck schon jeheert, is doch so trurig, doa motte Se sich wohl op alles gefaßt moake?" — „Ne, Fru Gerulat, wie arwe bloßig de Hälft!"

*

Der alte Bauer hatte von seiner Frau nach Königsberg den Auftrag mitnehmen müssen, ein paar Beutel aus Gaze einzukaufen, die man zum Aufbewahren von Schinken brauchte. In einem geeigneten Geschäft fordert er von der Verkäuferin: „Freileinke, ick micht Schinkebiedels hebbe." Die junge Dame war entrüstet und überlegen: „Mannche, bei uns wird hochdeutsch gesprochen; das heißt nicht Schinkebiedels, daß heißt Schlüpfer!"

*

Der Zug ist überfüllt. Selbst in dem Abteil für Reisende mit Hunden ist kein Platz mehr frei. „Meine Herrschaften", erklärt der Schaffner, „dieses Abteil ist nur für Reisende mit Hunden. Ich sehe aber keinen Hund." Eine Stimme aus der Ecke: „Na, denn war eck dem Hund späle!"

An der Steilküste im Samland nimmt jedes Fischerdorf auch Badegäste auf. Die Natur und die Landschaft ersetzen alles, was an Bequemlichkeiten und Zivilisation fehlt. Ein biederer Fischer überreicht der Dame, die im Sommer bei ihm wohnen wollte, die Schlüssel für die Stube, für einen Schrank und für eine Kommode. Die Dame vermißte aber den Schlüssel vom Örtchen: „Madamche, wat meene Se for e Schlätel?" — „Nun, vom Örtchen!" — „Wat ös dat?" — „Mein Gott, wie soll ich Ihnen das nun sagen?" Schließlich deutete sie auf eine kleine Holzbude am Scheunengiebel, in deren Tür ein Herz ausgeschnitten war. „Ach so, Se menne onsem Partemang?! Nee, doatoa hebb wie keenem Schlätel; von doa hefft ons noch keener wat jestoahle!"

⁂

„Du, Franz, was bedeutet das eigentlich: ‚Mißbrauch jeistiger Jetränke?" — „Du Singbiedel, das weißt nich? Na, wenn Du Spiritus in de Lamp jießt un brennst, anstatt auszusaufen!"

⁂

„Wo kömmst her?" — „Ute Kalus (Gefängnis)!" — „To wat motst hucke?" — „Wege Beamtenbestechung." — „Mit Gild?" — „Nee, mits Mässer!"

⁂

Der Knecht hat den Auftrag bekommen, den Gemüseacker umzupflügen. Dabei geriet er auch über die Spargelbeete. Als der Gärtner entsetzt angelaufen kommt: „Mann, Se sind doch oben Spargelbeet!", antwortet er ziemlich unentwegt: „Drom gnoddert und proasselt dat so undra Zoch (Pflug)!"

Am ersten Schultag bemüht sich der Lehrer, mit seinen neuen Schutzbefohlenen Freundschaft zu schließen. „Wie heißt Du denn, kleiner Mann?“ Der kleine Mann lehnt mißtrauisch jeden Annäherungsversuch ab. „Warum willst Du mir denn das nicht sagen?“ — „Ick wöll Di dat nich segge!“ — „Na schön, dann werde ich zu Dir Christian sagen, wie alt bist Du denn?“ Der Kleine, genauso verstockt wie vorher: „Ick heet nich Christian, ick sie Buttgereits Ewald!“

⁂

Als Großmutter Geburtstag hat und viele liebe Verwandte und Freunde um den Tisch mit Kaffee und Kuchen sitzen, darf auch der kleine Enkel Claus hereinkommen und sich an dem Kuchen beteiligen. Eine Tante ist besonders liebevoll. Claus soll doch nun einmal sagen, wer von all den guten Tanten ihm denn am besten gefalle und welche er heiraten möchte. Claus sieht sich sorgsam, ruhig in der Reihe um und sagt dann entschieden höflich: „Ich bleibe Junggeselle!“

⁂

Vaters Glatze ist den Kindern sehr bewußt. Als das Zeugnis wieder einmal allerlei offen läßt, greift Mutter zu dem Argument: „Wenn Pappi dieses Zeugnis sieht, dann müssen ihm ja graue Haare wachsen.“ Es ging aber daneben. „Aber Mutti, Vati würde sich ja freuen, wenn ihm man überhaupt Haare wachsen.“

⁂

Der kleine Peter hat einen sehr eigenen Willen. Er ist handfest ungezogen. Als der Vater seine Bemühungen um die Schaf- und Pferdezucht unterbrach, sich um die Erziehung seines Sohnes kümmerte und ihn zum Zwecke der Besserung für eine Weile in die Ecke stellte, bekam er nach einiger Zeit mit ungebrochenem Trotz zu hören: „Deine Böcke taugen alle nichts und Kragen (schlechte Gäule) hast auch man!“

❊

In einem Gedicht kommt der Storch vor und wird als Langbein benannt. Der Lehrer: „Wer ist denn eigentlich dieser Langbein?“ Die Klasse bleibt still, an einigen Stellen wird gekichert. „Nanu, das wißt Ihr doch; wer ist das denn, der im Frühjahr mit den langen Beinen auf den Wiesen und Feldern herumläuft?“ — Antwort: „Der Herr Oberamtmann!“

❊

Der Geburtstagsmann hat der kleinen Anna zu deren größter Freude ein Lotterielos gebracht. Schon am Tage darauf sitzt sie ganz versunken mit einem alten Gesangbuch in der Ecke. „Was liest Du denn da, Annchen?“ — „Mutti, ich bete zum lieben Gott, damit mein Los gewinnt.“ — „Aber, Kind, solche Gebete stehen doch gar nicht im Gesangbuch drin.“ — „Doch, Mutti, sieh mal hier die Überschrift: ‚Gebete für Kinderlose‘!

❊

Nachdem der Kleine gesehen hat, wie der Vater sich zum Sonntag seinen Schnurrbart schneidet, versucht er auch den schwarzen Kater zu verschönen. Die Mutter verbietet ihm das Schneiden der Schnurrhaare. Der Peter könne dann nicht mehr mausen. Mit seinen Schnurrhaaren verspüre er schon von weitem jede Bewegung. Der Kleine: „Aha, die Schnurrhaare sind also die Antenne vom Peter!“

❧

Vom Einkaufen beim Kaufmann kam die kleine Anna nach Hause und fragte die Mutter, was das eigentlich sei „diskret“. Es wurde ihr sehr schön auseinandergesetzt, man sei diskret, wenn man gewisse Dinge vertraulich behandele, wenn man taktvoll und veschwiegen sei. „Das muß ganz was anderes sein, Mutti! Das Mädchen von Frau Gutzeit war zum Kaufmann gekommen, und als ich mit ihr nach Hause ging, hörten wir Frau Gutzeit schon immer rufen: Und dis Kreet kommt nicht, und dis Kreet kommt nicht!“

❧

Ein eiserner Wille, auch Dickschädel genannt, ist nichts Seltenes in Ostpreußen; schon gar nicht bei den Jungens. Bei zwanzig Grad unter Null stand der kleine Karl in einem dünnen Anzug vor der Haustür und hielt in der Hand einen Kater am Genick, am ganzen Leibe vor Kälte zitternd. „Warum stehst du denn ohne Mantel draußen und frierst?“ — „Ick freer dem Katt, de Krät hefft mie jeklaut!“

❧

Als die Familie eigentlich schon vollzählig gewesen war, kam als Nachschrabsel noch der kleine Kurt. Wie alle diese Spätkömmlinge, wurde er von den Geschwistern nicht weniger verwöhnt als von den Eltern. Die Folge war, daß er verzogen, eigensinnig und schwer zu lenken war. Es gab einmal, es war wohl Vaters Geburtstag, eine große Abendtafel mit Verwandten,

Freunden und Nachbarn. Kurtchen saß neben der Mutter (daß er an der Tafel fehlte, daran war gar nicht zu denken) und machte ihr Sorgen, trotzdem sie genug an die Küche zu denken hatte. Kurtchen fielen die beiden riesigen Kompottschüsseln auf, die auf dem Tisch bereitstanden und die ihn viel mehr interessierten als die Suppe. „Ich will von dem", sagte er und verweigerte die Suppe. Mutter beruhigte. Kurtchen wurde immer energischer. Die Mutter konnte nicht nachgeben. Kompottschüsseln würden erst zum Putenbraten herumgereicht und so lange müßte er noch warten. „Ei, ich sag!" Daraufhin wurde die Mutter freundlich und bat und puscheite ihn, er solle noch warten. „Ei, ich sag!" Jetzt bekam's die Mutter mit der Angst, denn sie wußte, daß ihr kleiner Kurt bedrohlich werden konnte. Sie kapitulierte. Kurtchen kriegte statt der Suppe Kompott. Nach der ersten Portion verlangte er mehr. Man konnte ausweichen, weil inzwischen der Braten gekommen war und die Kompottschüsseln ohnehin unterwegs waren. Jetzt war Kurtchen soweit, machte sich so groß wie er mit seinen vier Jahren konnte und schmetterte in die Unterhaltung hinein: „Und der Kurr ist doch krepiert!"

✻

Der kleine Mar wird zum Inspektor geschickt. Sein älterer Bruder Karl hat Fieber. Die Mutter möchte ein paar Fiebertabletten haben. Er kriegt vier Tabletten; zwei soll der Bruder gleich nehmen, eine am Abend und die vierte am nächsten Morgen. Der Kleine gibt zu Hause anderthalb Tabletten ab. Als der Inspektor am nächsten Morgen fragt, wie die Tabletten denn geholfen haben: „Gott sei Dank! Ganz gut, aber Sie hätten auch ein paar Tabletten mehr schicken können, als gerade bloß anderthalb." Daraufhin wurde Marchen peinlich verhört. „Na, soll denn der Große immer alles allein auffressen?"

⁂

Die Dorfschule wird vom Schulrat besichtigt. Mehr Angst als die Schüler hat der Lehrer. Der Schulrat aber war zufrieden und findet sogar manches ‚lobenswert'. Auch die aufrechte Haltung der Jungen gefällt ihm. Er klopft einem auf die Schulter und fragt, ob er denn immer in der Stunde so schön grade sitzt. Da weist der Kleine mit dem Finger auf einen schönen Druck der Sixtinischen Madonna, der an der Wand hängt, und sagt: „Ja, gewiß, der Herr Lehrer sagt immer: ‚Ihr werdet euch doch nicht so lümmeln, wie die zwei Bowkes mit Flochten auf dem Bild'!"

⁂

Der kleine Christian kann sich nur schwer mit der Rechenkunst befreunden. Eins und eins ist nach langem Nachdenken gleich drei. „Na hör mal, wenn die Mutter Dir eine Scheibe Brot gibt und dann noch eine dazu, wieviel Scheiben hast Du dann?" — „Dann hab' ich genug!"

⁂

In der Schulpause ist großes Hallo, weil vor der Schule ein Wagen steht, der mit einem Esel bespannt ist. Nach Jungenart beschäftigt sich alles mit dem armen Esel. Er wird geneckt und auch gezergt. Nur der kleine Fritz macht nicht mit und ärgert sich über diese Tierquälerei. Als sich plötzlich die Schultür auftut und der Lehrer erscheint, setzt eine allgemeine Flucht ein; nur Fritzchen bleibt ruhig stehen, da er ein gutes Gewissen hat. Er erntet darum von dem Lehrer, der nicht wissen konnte, daß Fritzchen unbeteiligt geblieben war, eine gehörige Ohrfeige. Wütend und beleidigt, auch heulend, ging er in die Schule, wo ihm auf der Treppe der Rektor entgegenkam. „Warum weinst Du denn, Junge?“ Fritzchen schüttet sein Herz aus: „Herr Direktor, der Herr Lehrer Schulz hat mir eine Ohrfeige gegeben, und dabei habe ich dem Esel doch gar nichts getan!“ Jetzt kam die ganze Ungerechtigkeit der Welt über Fritzchen, denn nun bekam er auch vom Rektor noch eine Ohrfeige.

Aus Nachbars Garten hängt der Zweig eines Apfelbaumes weit über den Zaun in den Schulgarten und ein besonders schöner Apfel ist gerade da heruntergefallen. Der kleine Kurt, der Sohn des Lehrers, geht mit seiner Mutter gerade durch den Garten, drum ruft ihn der Nachbar an: „Kurtchen, gib mich mal dem Apfel!“ Kurtchen gehorcht wohl oder übel. Als sie außer Hörweite sind, fragt ihn die Mutter: „Kurtchen, wie hätte der Nachbar denn eigentlich sagen müssen?“ Nach einigem Überlegen meinte Kurtchen sehr sicher: „Kurtchen, nimm Dich mal dem Apfel.“

Von dem sehr bekannten Schulrat Dinter wurden viele Geschichten in Ostpreußen erzählt. Zu seinen Freunden gehörte der Pfarrer Riedel in Klein Deren. Die Besuche bei seinem Freunde benutzte Dinter manchmal, um gleichzeitig benachbarte Schulen zu besuchen. So wollte er auch einmal zur Schule in Kumkeim gehen, die er noch nicht kannte. Er fragte einen Jungen, dessen Schule er gerade am Tage vorher besucht hatte, wo es denn hier nach Kumkeim gehe. Er bekam die Antwort: „Gestern wußten Se jedes Dorf und jeden Steg in Afreka und Asien, heute wissen Se nich mal den Weg nach Kumkeim! Hiede weet eck!“ Sprach’s und rannte davon.

⁂

Mitten in Masuren liest der Lehrer Weihnachten den kleinen Kindern die Weihnachtslegende vor: ... „Und der Engel des Herrn erschien ihnen und sie fürchteten sich sehr. Warum fürchteten sich denn eigentlich die armen Hirten, die dort ihre Herden weideten?“ — „Na, sie hüteten im Fiskalischen!“

⁂

Im Religionsunterricht erläuterte der Lehrer das Wort: „Wenn du aber betest, so gehe in dein Kämmerlein.“ Es war nach dem ersten Kriege, als die Wohnungen auch schon sehr eng waren. Der Lehrer meinte also, das sei sicher manchmal schwierig, aber „wo ein Wille sei, sei auch ...“ und er forderte einen Jungen auf, den Satz zu Ende zu sprechen. Darauf der Junge: „Wo ein Wille ist, ist auch ein Kämmerlein!“

⁂

Bei einem seiner Besuche nahm sich der Schulrat Dinter des Religionsunterrichts an und wollte mit den Kindern über das Morgen- und Abendgebet sprechen. „Wenn Ihr abends schlafen geht, was ist dann das Letzte, was Ihr tut?“ Nach langem Schweigen kam dann erst die Antwort: „Ich sage den Eltern gute Nacht!“ „Richtig, mein Sohn, aber es gibt noch etwas Wichtigeres.“ Darauf endlich ein kleines Mädchen: „Dann bete ich noch mein Abendgebet.“ „Gut, mein

Kind. Und wenn Ihr nun die ganze Nacht so schön geschlafen habt und morgens aufwacht, was ist dann das Erste, war Ihr tut?" Wieder sagt einer den Eltern guten Morgen, der andere geht gleich an den Frühstückstisch. „Das ist ja alles sehr schön, aber es gibt noch etwas Wichtigeres, das Ihr vergessen habt." Da meldet sich auch ganz hinten einer: „Dann töh eck mim kort Pelzke an un go hinder de Schien (Scheune)!"

Einer der Neuen kann nicht still sitzen, dreht und wendet den Kopf ohne Unterlaß, bis schließlich der Lehrer verlangt, er solle ihn ansehen. Der Kleine lehnt entrüstet ab: „Wat an Di schon to söhne es!"

Eine ganze Corona von Müttern sitzt im Wartezimmer der Schule, in der die Kinder für die Aufnahme in die Sexta des Lyzeums geprüft werden. Endlich kommen die Kleinen aus dem Prüfungsraum und erzählen und werden gefragt. Jedes Kind hat schriftlich eine Reihe von Fragen beantworten müssen, z. B. sollten sie einen Laubbaum nennen, die Himmelsrichtungen angeben, einen Beruf nennen usw. Eine Frage hat allen große Schwierigkeiten gemacht, sie sollten eine Tugend benennen. Als die Mütter ihr Erstaunen darüber zum Ausdruck brachten, daß ausgerechnet diese Frage für ihre wohlerzogenen Kinder so schwierig gewesen sei, verantwortet sich die kleine Irene: „Na, Mutti, weißt denn Du, was Tugend ist?"

Man beschäftigte sich in der Schule mit den Feiertagen, die der Jahresablauf mit sich bringt. „Wenn das Laub gelb wird und fällt, wenn die Sonne immer früher untergeht, wenn das Erntedankfest vorbei ist und wenn der erste Schnee fällt, welches große Fest kommt dann bald, an dem die Kinder alle eine so große Freude haben?“ — „Dat is unserm Herrn sine grote Driewjagd!“

⁂

Das Wort ‚brummen' ist in der Schule dran. Die Lehrerin fragt: „Wer brummt?“ — „Der Käfer.“ — „Gut, wer sonst noch?“ Keine Antwort. Sie will nun nachhelfen. „Was tut denn die Kuh, wenn sie hungrig ist?“ „Sie brüllt, sie schreit.“ — „Aber wie sagt der Vater auch sonst noch, wenn die Kuh brüllt und schreit?“ Ein kleiner Knirps: „De wöll bolle!“

⁂

Es war wieder einmal der Schulrat Dinter unterwegs. Diesmal war das Rechnen dran. Dinter wollte die Aufmerksamkeit der Kinder prüfen. Er fragte: „Wieviel ist 7 x 6?“ Die Klasse antwortete prompt: 42. Dinter schrieb an die Tafel 24. Kein Kind meldete sich, alles blieb stumm. Dinter machte es noch zweimal ebenso. Er schrieb statt 34 = 43 an die Tafel und statt 71 = 17. Um es anders herum zu versuchen, sagte er: „So, Fritzchen, jetzt gib Du mir einmal eine Aufgabe.“ Sofort antwortete der Kleine: „7 x 11.“ Als Dinter sich zur Tafel umdreht, um das Ergebnis anzuschreiben, hört er mit halbem Ohr etwas, was ihn sofort über die Aufmerksamkeit der Schüler anders denken läßt. Fritzchen murmelt nämlich vor sich hin: „Nu schriew uck datt noch falsch, Du Dämel!“

In der Grammatik sind die Substantiva dran. Die Kinder lernen, daß man mit großem Anfangsbuchstaben alles schreibt, was man sieht und fühlt und riecht, z. B. ...„Mariechen, was fühlt man?" — „Na, de Hiehner!"

⁂

Entschuldigungszettel für Emil und Lotte von dem Instmann Schulz: „Ich bitte den Herrn Lehrer, heute meinen Emil und meine Lotte von der Schule zu entschuldigen, denn ich und meine Frau wollen mit den Ferkeln auf den Markt fahren."

⁂

Der kleine Fritz schlendert mit den Händen in den Hosentaschen über die Straße, trifft seinen Lehrer, lächelt ihn freundlich an, grüßt aber nicht. „Nanu, Fritzchen, kannst Du denn nicht die Mütze abnehmen?" — „Ich kann nich, ick hebb keen Kneep an mine Bexe!"

⁂

Der kleine Christian ging mit dem Vater Forstmeister am Karpfenteich spazieren und bedrängte ihn nach Kinderart darum, er wolle noch ein Brüderchen haben zum spielen. Der Vater war nicht sehr bereit: „Kleine Kinder schreien viel, machen viel Arbeit und Mutter hat so schon genug zu tun." Darauf Christian: „Na, Vater, denn besorg' doch gleich einen zweisömmrigen!"

⁂

Ilschen ist sehr eifrig bei ihren Schularbeiten und wird sehr ungemütlich, als das kleine Schwesterchen

Anni sie ständig dabei durch Fragen stört. Schließlich fährt sie sie an: „Geh doch weg, du Esel!" Das ist Veranlassung für eine beleidigte Beschwerde beim Vater, der aber anderes zu tun hat und den Zwischenfall für nicht ernst ansieht. „Sag ihr man, ich bin grad so ein Esel wie Du!" Nach einigem Überlegen bekommt Ilse von der Kleinen zu hören: „Ilse, Vater sagte, er ist gerade so ein Esel wie Du!"

⁂

Es wird für eine Fahrt durch den Wald angespannt. Die kleine Nichte Ilse, die zu Besuch ist, wird mitgenommen. Als Wegezehrung kommt ein Körbchen mit Kirschen in den Wagen. Man kommt an einer Stelle vorbei, wo zwei Jungen die Schweine hüten. Die Jungen waren etwa 10 Jahre alt, die kleine Ilse 4 Jahre. Ilschen gibt den Jungen ein paar Kirschen ab. Der eine kommt sofort heran, während der andere sich abwendet und stehenbleibt. „Komm doch auch her!" Nur sehr langsam entschließt er sich. Als er sich umdreht, wird die Erklärung für sein Verhalten sichtbar. „Junge, Du bist ja schon in den Kirschen gewesen!" —„Dat's noch von gistre!"

⁂

Als der Lehrer am ersten Schultage auf den Ernst der Schule mit einer Märchenerzählung vorbereiten und vor allen Dingen die Kinder zum Stillsitzen bringen will, fängt einer der Neuen an, seinen Schulranzen zu packen, den Hut vom Haken zu nehmen und nach Hause zu gehen. „Nanu, wo willst du denn hin?" ... — „Na, to Hus, wat wart de Mutta segge, wenn ick mi so lang rumdriew!"

Eine ständige Quelle des Ärgers ist es für den kleinen Fritz, daß er am Sonntag einen sauberen Anzug bekommt, mit dem er sich natürlich vorsehen muß. Auch am Himmelfahrtstag wird er dazu veranlaßt, trotzdem, wie er genau weiß, doch gar kein Sonntag ist. „Ja, aber ist doch Himmelfahrt!“ Fritzchen sieht die Mutter groß an, dreht sich um und sagt: „I, laß man, ich fahr nich mit!“

Ein schweres Gewitter ist hochgezogen. Die beiden Hütejungen sind ängstlich unter eine Getreidehocke gekrochen. Der Blitz zuckt, der Donner kracht. Unter immer neuen Schrecken stöhnt schließlich der eine: „Kömmst ut de Angst nich rut, — im Sommer de Gewitter, im Winter de School.“

Der Kutscher war immer sehr stolz auf seinen kleinen Sohn. Zu Ostern wird er gefragt, ob der Kleine denn auch diesmal versetzt sei. „Nein, diesmal nicht. Er ist jetzt zwei Jahre hintereinander versetzt, das war doch gar zu scharf.“

Statt „schwarz“ sagte der kleine Fritz immer „swarz“. Er konnte das „Sch“ nicht aussprechen. Sein Lehrer nahm sich daher ganz besonders seiner an und versuchte mit ihm zu üben. „Sag' mal Schwein.“ Fritz sah sich in der Klasse um. — „Zu wem?“

Der Junge fragte: „Vater, wie groß warst Du, als Du zum erstenmal in die Schule gingst?“ Der Vater zeigt an seinem eigenen Körper in die Höhe seiner Leibesmitte. „Na, und wo hast den Kopf gehabt?“

❁

Ein Entschuldigungszettel: „Werter Herr Lehrer! Entschuldigen Sie bitte, daß meine Tochter heute nicht zur Schule kommen konnte, das Schwein hatte den Stall umgeworfen.“

❁

Auf dem Gut arbeitet ein Diplomlandwirt als Inspektor. „Du, hest all dem nie e Spektor gesehne? De hefft dem ganze Gesicht un dem Kopp kriez und quer terscheede.“ — „Jo, de Voder seggt, de hefft stodeert, un bi de Studente mokes dat immer so. De, wo schwer lehre, wäre anne Kopp opereert.“

❁

Mariechen mußte zu Hause kräftig mitarbeiten, auch, wenn nötig, den Schweinestall ausmisten. Daher hatte der Lehrer Veranlassung, sie einmal wieder nach Hause zu schicken. Sie solle sich gründlich waschen. Nach kurzer Zeit erschien sie mit folgendem Antwortbrief der Mutter: „Serr geärter Herr Leerer! Indem daß meine Tochter keine Rose ist, haben Se ihr nich zu riechen, sondern Sie sollen ihr lernen!“

❁

Hans kommt mit dem Rechnen vorläufig nicht ganz klar; besonders die Bruchrechnung ist ihm unbequem. „Die Hälfte von 4?“ — Hanschen weiß: „Zwei.“ — Die Hälfte von 8?“ — Hanschen atmet auf: „Vier." — „Die Hälfte von 11?" — Hanschen ratlos zu seinem Nachbarn Fritz: „Nu hät he mi. Segg ick nu fiev, es em to wenig, segg ick säß, es em to veel!"

Zwei Jungen wünschen sich etwas von ihrem Leben. „Wat möchst Du moake, wenn Du König werscht? — „Ich möcht dem Schmand ut Molles drinke un Speck darto biete." Darauf der andere: „Un ick möcht de Schwien to riede heede!" (im Reiten hüten).

Als die ältere Schwester, die schon zur Schule geht, gehörig gescholten wird, weil sie nachlässig gearbeitet hat, drängt sich der kleine Hermann an die Großmutter: „Omachen, was kann der Mensch werden und braucht nicht zur Schule zu gehen?" Als er zwei Jahre selber zur Schule gehen mußte, meinte er: „Es ist ja ganz nett, aber man versäumt doch schrecklich viel Zeit!"

Für den Sonntag werden in der Küche junge Hähnchen geschlachtet. Es geht entsprechend laut in der Küche zu. Der kleine Jochen kräht mit den Hähnchen um die Wette. Die alte Martha kriegt ihn zu packen und sagt zur Frau: „Na, Frau, dieses Hähnchen wollen wir doch man auch gleich schlachten." Der kleine Jochen verlangt eine Sonderbehandlung: „Nein, Muttchen, ich werd' nicht geschlachtet, ich bleib' zur Zucht!"

Die kleine Grete mußte sich ein paar Zähne plombieren lassen. „Muttchen, mein Mund muß sehr schmutzig gewesen sein, der Onkel Doktor hat ihn mit dem Staubsauger sauber gemacht."

⁂

Ob der Weihnachtsmann denn auch genug und die richtigen Geschenke gebracht habe? „Ach, Vatchen, ich bin doch kein Säugling mehr! Ich weiß doch ganz genau, der Weihnachtsmann, das bist Du, und der Osterhase, das bist Du auch — und ich glaube, der Storch, das bist Du ebenfalls."

⁂

An der ostpreußischen Küste ist bekanntlich der Sonnenuntergang zumeist ein so wunderbares Schauspiel, daß die Badegäste es ungern versäumen und lieber das Abendbrot warten lassen. Die Kinder sind begreiflicherweise nicht immer sehr damit einverstanden. Die Sonne war hinter dem Horizont verschwunden, Fritzchen macht kehrt zum Abendbrot und steht plötzlich dem Vollmond am Himmel gegenüber. „Erbarm sich, da is se schon wieder!"

⁂

Im Unterricht wird der Kirchhof, das Grab und das Begräbnis behandelt. Während der Lehrer davon spricht, sucht er den Lappen, mit dem er die Tafel abzuwischen pflegt. Während des Suchens spricht er weiter und läßt Inschriften vorschlagen, die man auf Grabsteine setzen könnte. Die Kinder sind um Antworten verlegen. Der Lehrer: „Nun, was würdet Ihr auf den Stein schreiben, wenn ich sterben würde?" In diesem Augenblick erblickt der kleine Hans etwas und ruft laut: „Da liegt der Lappen!"

*

In der Religionsstunde wird von den Schrecken der Sintflut gesprochen. Darauf kommt aus einem Kindermund der Stoßseufzer: „Na, Gott sei Dank, Herr Lehrer, bei uns kann das nicht passieren, bei uns ist das alles dräniert!"

*

Die Familie besuchte am Sonntag die Herde auf der Weide. Der Hütehund hatte gerade geworfen und der Hirt trug vier junge Hunde in einem offenen Sack bei sich. Der kleinen Frieda gefielen die kleinen Hunde ganz besonders: „Vati, laß unsern Treff doch auch mal brüten!"

*

Ein Sechsjähriger hat dauernd die Hände in den Hosentaschen. „Junge, mußt du denn die Hände immer in den Bixen haben?" — „Na, wo warst se sonst andersch loate?"

*

Der kleine Franz läuft dem Lehrer über den Weg, wie er gerade in jeder Hand einen Apfel hat, und zwar einen schönen, großen, roten und einen unansehnlichen kleinen, grünen. „Du, gibst mir doch sicher von den Äpfeln gern einen ab?" fragt der Lehrer. Ohne Bedenken wird ihm der große Apfel angeboten. „Gibst Du mir den Apfel wohl auch wirklich gern?" — „Ja, gewiß, de groater full mi im Dreck!"

Eva lebt ihr Leben zusammen mit den Pferden. Auch bei ihren ersten Rechenaufgaben zählt sie nicht nach Zahlen, sondern nach Pferden. Die Eins ist ein Einspänner, die zwei ein Zweispänner usw. Sie hat auch einmal beim Fahrturnier in Insterburg einen Fünfspänner gesehen. Sie wird gefragt: „Was gibt es, wenn man einen Viererzug mit einem Fünferzug zusammenspannt?“ — „Dann hauen sie ab!“

✤

Ein paar Wochen nach Schulbeginn kommen zwei Knirpse an einem Kaffeegarten vorbei, an dem der Maler über den Eingang ein großes Schild mit der Aufschrift „Fata Morgana“ fertig macht. Eine Weile buchstabieren Sie an dem Wort herum. „Nu kieck doch bloß, wie der Dussel ‚Vater‘ schreibt!“

✤

Beim Gespräch am Kaffeetisch im Garten wird davon gesprochen, daß der Hof, der zwischen zwei Armen des Flüßchens ‚Liebe‘ liegt, eigentlich von zwei Armen der Liebe umschlungen wäre. Darauf stellt der Jüngste fest: „Bei uns geht die Liebe nur bis an die Knie!“

✤

Das achte Kind liegt in der Wiege. Der älteste Junge sieht sich den jüngsten Bruder genau an und stellt dann stolz fest: „Voader, nu hebb wie twe Gespann!“

✤

Der Vater fuhr Ziegel. Als Fritz die Schule einen Tag geschwänzt hatte, entschuldigte er sich beim Lehrer: „Herr Lehrer, mein Vater mußte Ziegel fahren und hatte gestern ein krankes Maul, und da mußt ich mit ihm mitfahren, ‚Prrr' sagen!"

⁂

Der liebe Gott ist allwissend und sieht jedes Kind überall, sogar im dunklen Keller. „Sieht er unsern Keller auch?" — „Gewiß, in jeden Keller sieht der liebe Gott." — „Angeschmeert, Herr Lehrer, wie hebbe joa keinem Keller!"

⁂

Der Kleine hat eine musterhafte Unordnung in seinem Spielzeug zustande gebracht und wird von der Großmutter gescholten, die sonst immer sehr lieb zu ihm ist. Er will der guten Großmutter seinen unbedingten Gehorsam zum Ausdruck bringen: „Omachen, aber so schnell, wie du schimpfst, kann ich nicht aufräumen!"

⁂

Warum denn der Storch auf einem Bein steht? Die Klasse überlegt lange. Schließlich kommt die Antwort: „Wenn der dem andern Bein auch noch wechnimmt, Härr Lährer, schmeert he henn!"

⁂

Ein Dreikäsehoch geht stolz mit einer Zigarette über die Dorfstraße. „Wart mal, du Lorbaß, das werd ich dem Lehrer sagen!" — „Se ware sick schniede; ick goa noch nich ine School."

⁂

Das neue Mädchen bei Lehmanns ist eine Perle. Frau Lehmann will sie aber immer noch erziehen.

„Wenn Sie abends mit der Arbeit in der Küche fertig sind, Minna, dann müssen Sie mir das sagen und ‚Gute Nacht' sagen, ehe Sie schlafen gehen." Am nächsten Abend erscheint Minna im Zimmer und wünscht herzhaft und laut ‚Gute Nacht'! Frau Lehmann beanstandet das, sie solle nicht so laut schreien, sondern ihr das hübsch leise sagen. Am andern Tag ist der Herr Lehmann allein zu Hause und hat als Strohwitwer zwei Freunde zum Skat bei sich. Eine Weile nach dem Abendessen erscheint Minna und flüstert dem Hausherrn ins Ohr: „Herr Lehmann, ich geh' jetzt ins Bett!"

❊

Die kleine Schwester muß wegen einer Darmkrankheit öfter einmal einen Einlauf bekommen. Als der Bruder gefragt wurde, was denn sein Schwesterchen mache, war die Antwort: „Sie tankt!"

❊

Die Hausgehilfin ist schnell und sehr tüchtig. „Johanna, Sie haben heute wieder einmal Bohnerbesen und Staubtuch sehr geschont. Mir tut Ihr Bräutigam leid, daß er eine so unordentliche Frau bekommt." Johanna macht erst ein recht bedrücktes Gesicht, dann aber meint sie beruhigt: „Herrje, jnädje Frau, un der freit sich all so!"

❊

Die große Dogge heißt ‚Herkules'. Aus der Küche großes Geschrei. „Gnädge Frau, eben hat der Kules das Fleisch aufgefressen!" — „Wer, wer ist Kules?" — „Na, der große Hund." „Aber der heißt doch ‚Herkules.'". — „Was, auf das Biest soll ich auch noch ‚Herr' sagen?"

⁂

Überall auf dem Lande, wo das gute alte Vollkornbrot gebacken und gegessen wird, findet man schöne weiße Zähne. Mariechen wird wegen ihrer Zähne einmal besonders gelobt. „Na, nich, gnädge Frau, die Leute meinen auch immer, ich birst se mir."

⁂

Mariechen wird vom Hof ins Haus geholt zur Aushilfe, weil abends Gäste da sind. Sie hilft beim Aufbruch in die Mäntel und nimmt das Trinkgeld an. Als der letzte Gast draußen ist, legt sie der Hausfrau das Geld hin: „Gnädige Frau, der kleine Dicke hat aber fürs Essen nicht bezahlt."

⁂

Minna kommt immer wieder sehr spät nach Hause. Schließlich ist eine dringende Strafpredigt fällig. — „Aber, gnädige Frau, Sie haben Ihren Mann doch auch nicht in der Schublade gefunden!"

⁂

„Aber Minna, das war doch heute wieder einmal viel zu viel Salz!" — „Aber nei, gnädge Frau, Salz war gar nich viel, es war aber man e bißche wenig Supp!"

⁂

Es war am Abend ein wunderschön gestirnter Himmel. Minna wird darüber belehrt, der leuchtende Stern gerade über der Scheune wäre die Venus. Sie kennt den Namen nicht. Das sei die Göttin der Liebe.

Man holt eine Kunstgeschichte und zeigt ihr das Bild der Venus. „So, so, das ist die Venus?“ sagt Minna. „Na, so seh ich auch aus, wenn ich nackend bin!“

❊

In der Bude wird mit vielen Worten ein wunderbares Putzpulver für die Fenster angepriesen. Der Händler beschmiert eine Glasscheibe so mit einer Speckschwarte, daß sie undurchsichtig wird, und zeigt dann die schnelle Wirkung seines Putzpulvers, mit dem man mit ein paar Handgriffen die Scheibe wieder blank kriegt. Minna berichtet zu Hause und wird gefragt, warum sie denn nicht gleich etwas von dem Putzpulver mitgebracht habe. „Ach nei, mit dem Pulver war mir das so umständlich. Wenn ich beim Fensterputzen erst die Fenster mit einer Speckschwarte abreiben muß — in der Zeit hab ich die Fenster auch so geputzt!“

❊

Mariechen hilft mit großer Begeisterung am Abend in der Küche, wenn Gäste da sind. Einmal gibt es Rehbraten. Mariechen hat die Platte mit den Keulen, Auguste die mit dem Rücken. Mariechen gekränkt: „Von meinem Schinke nähme se nich. Aber von der Augustke ährem Rückstrang nähme se aller!“

❊

Gespräch unter Freundinnen: „Du, wetst wat de Gnädge ons gistre inne Kich säd? Se säd, wie solle ons nich so veel no de Männer omkicke, de keeme schon ganz von selfft. De gnädge Herr war ok ganz von allen gekoame.“ — „Na, wer dat glowt! Met een Og ward se em doch togeblinkt hebbe.“

Die beiden Küchenmädchen sind nicht dazu zu bringen, bei Tisch von rechts die Teller fortzunehmen, aber von links zu servieren. Als vor einem Abendessen wieder einmal dringend darauf hingewiesen wird, kommt die Antwort: „Aber, gnädge Frau, das ist doch alles Aberglaube!“

*

Was ist der Unterschied zwischen einer Kornblume und einer Klistierspritze? Antwort: „Die Kornblume steckt mans ins Knopfloch und — die Klistierspritze ist aus Zinn!“

*

Auf dem Oberrollberg geht eine Gemüsefrau mit ihren Henkelkörbchen und singt die alte Melodie: „Petersilie, Pasternak!“ Hinter ihr her eine Hausfrau sehr vorsichtig, denn es ist Glatteis. Plötzlich rutscht die Gemüsefrau aus und setzt sich mit ihren Körben auf die Straße. Hinter ihr ein erschrekter Ruf: „Huch!“ Die Gemüsefrau sieht sich sitzend ruhig um: „Herrje, Madamke, wat is, full ick op ehrem?“

*

Der Winter ist besonders kalt. Die Hausfrau spricht in der Küche davon, daß ihr immer zuerst die Hände kalt werden. Darauf die Hausgehilfin: „Mein Gefrierpunkt sind die Füße.“

*

Königsberg — Hauptbahnhof. Der D-Zug nach Berlin will eben abfahren. Da stürzt eine alte Dame mit fliegender Eile auf den Bahnsteig. Der diensteifrige Schaffner reißt die nächste Tür auf, packt die Dame am Arm, schiebt sie in das Abteil und schlägt die Tür zu. Etwa in Braunsberg meldet er sich in der Hoffnung auf eine Belohnung für seine Hilfsbereitschaft. Die alte Dame hat sich aber inzwischen mühsam gefaßt. „Ich wollte doch bloß einen Brief nach Berlin in den Kasten stecken."

❀

Ein Gespräch zweier Landleute in Königsberg, die sich unerwartet treffen. „Nachbarche, was machst Du denn hier?" — „Ach, weißt, meine Frau ist durch einige Todesfälle in der Verwandtschaft so verängstigt, sie hat mir keine Ruhe gelassen, ich mußte nach Königsberg zum Professor zur Untersuchung fahren." — „Sag, beim Professor? Was hat er denn genommen?" — „Na, vierzig Mark; hab ich gern bezahlt, son Mann will doch auch leben." — „Na, hat der was endeckt?" — „Er muß doch; er gab mir Medizin, sechzehn Mark kost die. Aber schließlich der Apotheker will ja auch leben!" — „Zeig mal, was ist das für e Medizin!?" — „Ach, Mensch, die hab ich natürlich in'n Pregel geschmissen, ich will doch schließlich auch leben!"

❀

Auf dem Programm einer landwirtschaftlichen Ausstellung in Gerdauen stand:

um 10 Uhr: Ankunft der Rinder
um 11 Uhr: Empfang der Ehrengäste
um 12 Uhr: Gemeinsames Mittagessen

❀

Ein Mediziner in der Prüfung. Der Professor zeigt mit einem gespitzen Bleistift auf die Brust des Kandidaten in der Gegend des Herzens. „Wohin komme ich, Herr Kandidat, wenn ich hier hineinsteche?" — „Ins Zuchthaus, Herr Professor."

⁂

Der dritte Mann im Skat war eine absolute Niete. Als sein Partner wieder einmal seinetwegen ein schwaches Spiel nicht hatte rumkriegen können, sagte er erbost: „Mensch, als Du zum Militär ausgehoben wurdest, haben sie genau gewußt, warum sie Dich nicht zur Kavallerie eingezogen haben." — „Wie meinst Du das?" — „Na, Du hast so viel Heu im Kopf, daß sie Angst hatten, die Pferde werden Dich gleich von oben anfressen."

⁂

Die junge Frau erwartet in den nächsten Tagen ihr erstes Kindchen. Auf dem Wochenmarkt kam sie zu einer Gemüsehändlerin, die in der gleichen Lage war. Die beiden Frauen sahen sich verständnisvoll an. Die Händlerin: „Na, Freileinche, auch verlobt?"

⁂

Der Hirt saß in der wärmenden Sonne und frühstückte. Seine Gedanken gingen durch die Natur. Er sah den Ochsen auf der Weide und hörte die Lerche in der Luft. Ob das nicht eigentlich ganz verkehrt sei, daß der schöne und nützliche Ochse in so einem engen Weidegarten eingesperrt bleibt und die kleine Lerche, die zu nichts taugt, fliegen kann, wohin sie will. In diese Meditationen hinein läßt die kleine Lerche etwas gerade auf seinen Kopf fallen. „Lew Gott, ick dank ok für de Lehr, goot, datt datt de Oß nich wär!"

Die Kriegervereinsrede wurde anschaulich. Der Adler sei das Symbol der Stärke unseres Reiches; die Krone auf dem Haupte das sei unser allergnädigster Kaiser und Kriegsherr, die Flügel Gesetz und Recht, der Schnabel und die Fänge die bewaffnete Macht — und dann fing der Redner an zu stottern ... Eine Stimme aus dem Hintergrund: „Und der Pürzel, das bist Du!"

❋

In der Apotheke im Kirchdorf war ein gewandtes und nettes Fräulein aus der Stadt zur Aushilfe da. Es gab viel Rede und Gegenrede. Ein Bauer wollte Kamillentee kaufen. „Kamillen kann ich Ihnen geben, aber den Tee müssen Sie sich schon selber brühen." Darauf verlangte er Pfefferminztee. Die Antwort war die gleiche: „Pfefferminze kann ich Ihnen geben, aber den Tee müssen Sie sich schon selber kochen!" Der Bauer überlegte einen Augenblick. „Ach, Fräuleinchen, ich hab ja ganz vergessen, ich wollt ja auch noch etwas Brusttee." Und damit behielt er das letzte Wort.

❋

In derselben Apotheke erscheinen drei Lausejungen. Der erste fordert für fünf Pfennig Lakritze. Nun war die Lakritze im Regal im obersten Fach verpackt. Das Fräulein holte die lange Leiter, stellte sie an, kletterte rauf, holte für fünf Pfennig Lakritze und stellte die Leiter wieder weg, packt ein; der Junge bezahlt, aber alle drei bleiben stehen. Dann der zweite: „Ich möchte auch für fünf Pfennig Lakritze!" — „Willst Du dummer Junge etwa auch für fünf Pfennig Lakritze?" fragt sie den dritten. „Nei, ich nich!" Darauf nimmt sie wieder die Leiter, stellt sie an, klettert rauf, holt für fünf Pfennig Lakritze, klettert herunter, packt ein, nimmt das Geld entgegen und stellt die Leiter weg. Zum dritten: „Und was willst Du?“ „Ich möcht für zehn Pfennig Lakritze.“

❋

Jeder kennt den Tierarzt als sehr tüchtig und als ebenso unordentlich und nachlässig in seiner Kleidung. Am Stammtisch wird erörtert, wie man sich für den bevorstehenden Maskenball am besten einrichtet. „Na, Sie“, sagt einer zum Tierarzt, „binden sich doch einfach einen Kragen und Schlips um, dann kennt Sie hier kein Mensch.“

❋

Ballgespräch im Rheinland. Eine Ostpreußin vom Lande ist zu Gast. Man fragt sie nach ihrer Heimat. Sie sei wohl auch eine gute Reiterin? Leider nicht. Der Vater sei mit den Pferden immer sehr knauserig, zum Reiten könne sie höchstens ein Milchpferd haben. „Also trinkt man in Ostpreußen doch Stutenmilch!“

❋

Schadereit mußte den Doktor zu seiner kranken Frau holen. Der Arzt machte seinen Scherz mit ihm. „Können Sie denn auch bezahlen?“ Schadereit legt drei Hundermarkscheine auf den Tisch. „Herr Doktor, die drei Scheine bekommen Sie, ganz gleich, ob Sie meine Frau gesund machen oder ob Sie sie umbringen!“ Die Bemühungen des Arztes waren umsonst. Frau Schadereit starb und der Arzt verlangte nun — wie vereinbart — die drei Scheine. „Haben Sie denn meine Frau geheilt, Herr Doktor?“ „Nein, leider nicht, lieber Schadereit, da war nichts zu machen!“

—„Haben Sie meine Frau denn umgebracht?" — „Gott bewahre!" — „Na, Herr Doktor, denn rechnen Sie mir mal aus, was Ihnen nach Ihrer Taxe zusteht!"

⁂

Die „Georgine" brachte einmal eine Anzeige, die trotz aller Zuchterfolge in der ostpreußischen Rinderzucht als etwas übertrieben wirkte. Es bot jemand eine Kuh an, die jeden Tag kalben kann.

⁂

Im ostpreußischen Dorf hat der Charleston keine Chancen. „Wissen Sie, wie es aussieht, wenn Charlestöng getantzt wird?" — „Nei? Das sieht so aus, als wenn die Leute wo reingetrampelt sind und sich nu die Fieß abschlackern!"

⁂

Der Doktor machte die Leute gesund, solange das irgend möglich. Aber er war saugrob. Ein Bauer kommt in sein Sprechzimmer. „Ausziehen!" — Der Bauer zieht sich nicht aus und will etwas sagen. Darauf noch lebhafter: „Ich habe Ihnen doch gesagt, Sie sollen sich ausziehen!" Als auch das nichts hilft, schließlich: „Donnerwetter noch mal, ich habe Ihnen doch gesagt, Sie sollen sich ausziehen! Glauben Sie, ich habe Zeit auf jeden Patienten so lange zu warten?" Schließlich zieht in Gottes Namen der Bauer Mantel, Jacke, Hose und auch Strümpfe und das Hemd aus. Da dreht sich der Doktor um und sagt: „Ganz so splitterfasernackt habe ich ja gar nicht gemeint. Nun kommen Sie mal und erzählen Sie, mein Lieber, wo's denn fehlt." — „Ich wollte doch bloß fragen, ob Sie dies Jahr die Kartoffeln wieder bei mir kaufen wollen."

Was ist der Unterschied zwischen der Kindererziehung und der Rübenpflege? Die Kinder werden erst verzogen und dann verhauen, die Rüben werden erst verhauen und dann verzogen.

Auch in Ostpreußen hat der Begriff „Wien" seinen besonderen Charme und wer aus Wien zurückkam, konnte sicher sein, daß er viel Fragen beantworten mußte. Ob denn Wien schön gewesen sei?" „Ja, wie soll man sagen. Das ist so: Kennst Du Labiau?" — „Ja!" — „Na, dann werd ich Dir sagen: gegen Wien is Labiau e Schiet!"

Herr Hoppe hat sich eine Hühnerfarm eingerichtet. Er findet das zwar seiner Bildung nicht ganz angemessen. Er bemüht sich, das im geschäftlichen Verkehr zum Ausdruck zu bringen. Auf eine Nachfrage, warum seine Eierlieferungen zurückgehen, erklärt er: „Ich kann Ihnen leider z. Z. keine Eier nicht liefern, da die Legalität meiner Hühner aufgehört und die Brutalität begonnen hat."

Auf der Reise nach Ostpreußen fragt in der Bahn ein Berliner einen eingeborenen Landwirt, was man denn als gebildeter Mensch eigentlich von Ostpreußen wissen müsse. „Wenn Sie nach Ostpreußen kommen, müssen Sie unbedingt was vom Bullen ‚Winter' wissen. Eventuell auch was von Kant. Wenn Sie aber außer ‚Winter' auch noch die Bullen ‚Anton' und ‚Prinz' kennen, dann können Sie Kant ruhig weglassen!"

Eine Ziege war nach dem Lammen eingegangen. Man versuchte, das Zicklein mit der Milchflasche aufzuziehen. Deshalb ging die Frau in die Apotheke und verlangte einen Gummisauger. Der Apotheker fragte: „Soll es ein roter oder ein schwarzer sein?" Gedehnt sagte die Frau: „Och, das ist dem Vieh ganz egal!" Ein vorwurfsvoller Blick des Apothekers: „Eine liebevolle Mutter scheinen Sie aber nicht zu sein!"

✻

Ein sehr empfindliches Fräulein aus der Stadt gefällt dem Inspektor ausnehmend gut und wird von ihm gern in der Wirtschaft herumgeführt. Am Auslauf hinter dem Schweinestall bleibt es entsetzt stehen: „Das ist ja scheußlich, wie die Ferkel da im Schmutz herumwühlen!" — „Aber, Fräuleinchen, das müssen Se nich so streng nehmen, Se müssen immer bedenken, wir sind alle mal jung gewesen!"

✻

Die Frau kauft in einem Laden eine ganze Menge ein und erhält schließlich die Rechnung. Weil sie weitsichtig ist, hält sie sie weit von sich ab und versucht zu lesen. Ob sie denn nicht lesen könne. — „Oawer joa, läse kann ick, bloß de Arms sönn nich lang genoog!"

✻

Da kam einer zum Arzt und beklagte sich über schweres Bauchgrimmen. Der Doktor verschrieb ihm 100 Gramm Rizinus — und nach drei Tagen sollte er wiederkommen. Er erschien pünktlich, aber im elendsten Zustande. „Ja, wie sehen Sie denn aus, Menschenskind? Haben Sie denn das Rizinusöl nach der Vorschrift genommen?“ — „Ja, gewiß, es war ja wohl ein bißchen viel, aber ich habe es schließlich doch heruntergekriegt.“ — „Um Himmels willen, haben Sie denn alles auf einmal eingenommen?“ — „Ja, gewiß, Herr Doktor, so haben Sie mir es doch gesagt.“ — „Na, wie oft sind Sie da auf dem Örtchen gewesen?“ — „Zweimal.“ — „Was, bloß zweimal?“ — „Ja, das erstemal von vier bis zwölf, dann habe ich eine Stunde Mittag gemacht, und dann bis zum Schlafengehen.“

Auf dem Steindamm schiebt ein Junge einen Handwagen vor sich her und benutzt dazu die Schienen der Straßenbahn, weil die Spur genau paßt. Hinter ihm fährt die Straßenbahn an; der Führer läutet und ruft, fährt schließlich ganz dicht auf und schreit: „Kannst Du Lümmel nicht herunterfahren!?“ Der Junge sieht sich seelenruhig um und ruft: „Ick joa, aber Se nich!“

Auch aus Ostpreußen war einmal einer nach Paris gereist, hatte aber seine Frau mitgenommen, und nahm gemeinsam mit ihr zur Kenntnis, was es in Paris zu sehen gab. Im Programm fehlte auch nicht „Moulin rouge“. Der Ehemann war unverkennbar als Deutscher. Es hatten sich bald um ihn einige junge Pariserinnen versammelt und ließen erkennen, daß sie auf seine Gesellschaft besonderen Wert legten. Als er abwehrend in seinem besten Französisch sagte: „J'ai ma femme avec.“ (Ich bin mit meiner Frau), war schallendes Lachen die Antwort, und im unverkennbaren Berliner Akzent: „Schick ihr schlafen.“

In Königsberg haben zwei eine Bierreise gemacht. Als ihnen das Gehen schon unsicher geworden ist, steuern sie Arm in Arm auf eine Droschke los. „Da stehen zwei Droschken, wir sollen uns eine nehmen und nach Hause fahren." Darauf sein Zechbruder: „Du, wir wollen zur Sicherheit man in die erste einsteigen, die andere ist bestimmt nicht da!"

⁂

Während der Beratungen über die Ostpreußenhilfe gab es Konferenzen in Hülle und Fülle. Der Bauer Luschnat sah sich die Anwesenheitsliste, die während einer solchen Sitzung herumgereicht wurde, genau an und fand hinter einigen Namen die Eintragung: „MdR" und „MdL". Auf seine Frage wurde ihm mitgeteilt, das MdL Mitglied des Landtages und MdR Mitglied des Reichstages bedeutet. Darauf ergriff er die Liste noch einmal und setzte hinter seinen Namen die Buchstaben „MdS". Er wurde gefragt, was denn das heißen solle, ob er wohl Mitglied des Staatsrates sei? — „Nee, Mitglied der Stutbuchgesellschaft!"

⁂

Die Fahrt mit der „Jaroslavna" zwischen Pillau und Danzig konnte sehr unangenehm sein, wenn starker Nord- und Nordweststurm die Danziger Bucht aufwühlte. Ein Königsberger fiel dadurch auf, daß er nicht, wie fast alle andern, Neptun opfern mußte. Nach dem Grund seiner Seefestigkeit befragt: „Och, ich bin das gewöhnt! In Königsberg fahr ich jeden Tag mit der Straßenbahn!"

Es gab einen Ökonomierat in Ostpreußen, der mit beiden Beinen in der alten Zeit und in ihren Anschauungen über sparsame Wirtschaftsführung stand. Er war Neuerungen mehr als abgeneigt, was seine Frau einmal zu dem Vorwurf veranlaßte, in ihrem Hause komme alles zehn Jahre später, und elektrisch Licht, Zentralheizung und Auto hätten sie auch nicht. Seine Antwort war: „Dafür werden wie auch zehn Jahre später als die andern bankrott machen!"

*

Ein Eleve wurde vom Tierarzt in die Apotheke geschickt, um ein Pulver für das erkrankte Pferd zu holen. Die Gebrauchsanweisung lautete: „Das Pulver wird in eine Röhre getan. Diese Röhre wird dem Pferd ins Maul gesteckt und das Pulver ihm dann in den Rachen geblasen." Während der Tierarzt sich nocht mit einem handfesten Frühstück beschäftigt, sieht er, wie der Eleve in höchster Not aus dem Pferdestall stürzt, blaurot im Gesicht, Erstickungsanfälle hat und versucht, das Haus zu erreichen. Der Tierarzt läuft ihm entgegen. „Was ist los?" — „Der Gaul hat zuerst geblasen!"

*

Auf der Auktion der Herdbuchgesellschaft bemüht sich der Auktionator auch die Bullen, die keinen rechten Anklang finden, den Käufern schmackhaft zu machen. Ein Bulle zeigt besonders viel weiß und findet darum kein rechtes Angebot. Nach einem Blick in den Katalog ermuntert der Auktionator: „Aber, Herrschaften, was wollt Ihr denn, so'n schönes Bullchen — 'n bißchen weiß, aber das ist ja bloß, weil er aus Mehlsack kommt!"

In der wunderbaren Natur von Bad Gastein treffen sich zwei Landwirte aus Ostpreußen. Einer ist begeistert: „Sind diese Berge nicht herrlich!"? Der andere mit einem Seitenblick: „Schlechter Boden!"

⁂

Der Schulze verabschiedet sich von dem in den Ruhestand tretenden Kantor. „Nu wollen Sie uns wirklich verlassen, Herr Kantor. Was werden wir nun bloß machen?" — „Na, Sie bekommen ja einen neuen und gewiß einen besseren!" — „Nee, nee, Herr Kantor, das kann ich nich glauben. Ich hatt nu all sieben neue Kantors, aber einer war immer dammliger als der andere!"

⁂

Die Uhr ging schon auf Mitternacht, als ein fremder Gast im Kreuz das Alleinsitzen satt hatte und versuchte, mit dem schon sehr lebhaften Stammtisch ein paar Worte zu wechseln. Mit mühsamer Zunge meldet er sich: „Verzeichen Sie, Benduhn!" Darauf vom Stammtisch die gemütliche Antwort: „Das schad nuscht, wir sind auch all e bißche!"

⁂

Die Hafenarbeiter hatten Säcke aus dem Boidack in den Speicher zu tragen. Um das unsichere Zählen zu vermeiden, machte jeder an einem Stein vor dem Speicher einen Kreidestrich jedesmal, wenn er mit einem Sack das Tor passierte. Ein Hund fand den Stein als guten Ersatz für einen Baum ... „Paß upp, Ede, da radiert di eener in dienem Hauptbook!"